CHARLES PIGEARD.

MÉLANGES

TOME PREMIER

I. Essai de morale.
II. Lettres sur la première Exposition universelle Londres, 1851.
III. De la situation de l'Angleterre vis-à-vis de ses colonies, 1865.
IV. La Convention des Pêcheries de Terre-Neuve conclue en 1857 Entre la France et l'Angleterre
V. De la situation des ressources carbonifères de la Grande-Bretagne [1867].

BREST

IMPRIMERIE F. HALÉGOUET, RUE KLÉBER, 11

—

1878

MÉLANGES

CHARLES PIGEARD

MÉLANGES

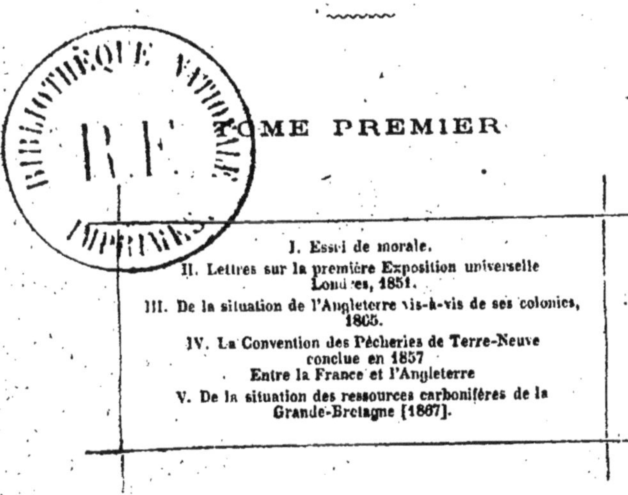

TOME PREMIER

BREST

IMPRIMERIE F. HALÉGOUET, RUE KLÉBER, 11

1878

MÉLANGES

PRÉFACE

Je réunis sous ce titre, en quelques volumes, diverses études qui, pour la plupart, ont été publiées depuis longtemps dans des revues.

Elles touchent un peu à tout : philosophie, économie, marine, voyages, et n'ont, en général, qu'un intérêt rétrospectif.

Mon unique désir, en les publiant aujourd'hui à un nombre très-restreint d'exemplaires, est de laisser un souvenir à mes enfants et à ceux de mes amis auxquels ma carrière a été associée.

C. P. — Nov. 1878.

PREMIÈRE PARTIE

ESSAI DE MORALE

CHAPITRE Ier

DE L'ESPRIT

AVANT-PROPOS

Je ne connais pas d'étude plus attrayante que celle du cœur humain. Ce vaste champ, comme celui de la fiction,

(1) « ..... *ne se peut tellement moissonner,*
Que les derniers venus n'y trouvent à glaner. »

Heureux ceux qui y recueillent quelques gerbes, sans faire d'emprunts à la moisson de leurs devanciers !

J'ai consciencieusement tâché d'éviter cet écueil.

C. P.

(1) Lafontaine. — Fable du *Meunier, son Fils et l'Ane.*

ESSAI DE MORALE

CHAPITRE Ier

DE L'ESPRIT

Les arguments des sots sont comme les coups d'épée que porte un tireur malhabile; il est, quelquefois, aussi difficile de répondre aux uns que de parer les autres.

Au rebours de quelques intelligences qui ne se révèlent que dans le calme, il en est qui, semblables aux armes à feu, ne jettent d'éclat que quand elles tonnent.

La critique, à moins d'être maniée par une main habile, ressemble à ces armes à feu dont on ne connaît pas bien l'usage, et qui vous blessent au lieu d'atteindre votre ennemi.

Faites une concession à un sot pour obtenir la paix, et il attribuera rarement votre manière d'être à d'autres causes qu'à sa supériorité présumée sur vous, ou, suivant le cas, à la crainte qu'il croira vous inspirer.

Quoi qu'en disent des autorités respectées, l'esprit suppose le jugement; toutefois, le jugement ne suppose pas nécessairement l'esprit.

Celui-ci est ingénieux ; celui-là n'est que correct.

On peut plaire aux hommes par des écarts d'imagination qui fascinent leur esprit, mais on ne trouve le chemin de leur raison et de leur cœur qu'en leur parlant le langage de la vérité, dans lequel ils s'assimilent toujours quelque chose.

Que de choses, de la plus extrême simplicité, qu'on a dites de tout temps, et qui, répétées par certains esprits, revêtent comme un charme nouveau !

Ainsi les plus humbles fleurs des champs, arrangées par une main légère et habile, deviennent des ornements gracieux.

Qu'il y a loin des rêves les plus brillants aux sublimes réalités de la nature! Combien le drame le plus sombre, enfanté par notre imagination, reste-t-il loin de certaines horreurs du monde réel!

Il y a, dans les lettres et dans les arts, un ensemble de règles fixes qui sont la base indispensable de tout progrès, mais qui ne suffisent à édifier quelque chose de durable, qu'autant qu'elles s'appuient elles-mêmes sur le génie.

L'influence des femmes est plus puissante que celle des hommes dans les progrès d'une société, parce qu'elle revêt des formes gracieuses qui, en s'emparant de nos sentiments, deviennent aisément maîtresses de notre esprit.

Toutes les grandes vérités se tiennent par des liens qu'on ne saisit qu'à la longue, à mesure qu'on pénètre dans les secrets de la science et de la nature.

Nous aimons à entendre les autres faire les mêmes observations que nous, fussent-elles en réalité la preuve d'un faible jugement; nous nous persuadons complaisamment que nous avons de l'esprit.

On se croit trop aisément supérieur aux autres, parce qu'on apprécie avec plus d'enthousiasme qu'eux une noble action.

Nous nous laissons trop aisément séduire par tout ce qui présente un caractère d'étrangeté, pour ne pas être souvent la dupe de notre imagination.

Quand, à quelques pas, les yeux de notre corps se trompent si aisément, comment ceux de notre intelligence ne seraient-ils pas fréquemment en défaut ?

Nous affichons volontiers avec rudesse nos défauts ou nos travers d'esprit, dans le secret espoir de trouver des contradicteurs complaisants, et nous sommes cruellement désappointés quand on nous répond par le silence.

C'est le propre de toute grande pensée de porter des fruits bien au-delà de ce que l'homme en osait attendre, parce que la Providence, qui seule l'a inspirée, ne saurait laisser son œuvre incomplète.

Est-il bien exact de dire qu'on perd complètement la mémoire, parce qu'en avançant en âge on garde malaisément le souvenir de certains détails? L'esprit ne gagne-t-il pas, en revanche, la faculté de mieux embrasser les choses sérieuses, les plus indispensables au déclin de la vie?

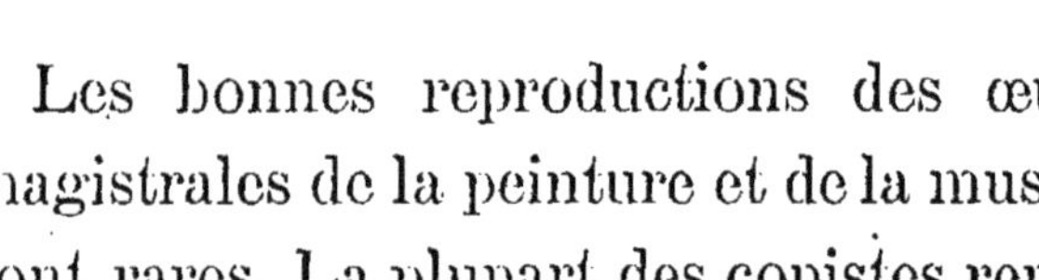

Les bonnes reproductions des œuvres magistrales de la peinture et de la musique, sont rares. La plupart des copistes rendent leur modèle, comme un enfant récite une fable, oubliant çà et là un mot, une pause, et gâtant la saveur de l'apologue.

CHAPITRE II

—

DU CŒUR

CHAPITRE II

DU CŒUR

La bonté est, de tous les dons, celui auquel nous rendons hommage le plus volontiers. Notre cœur est, en ceci, d'accord avec notre amour-propre : l'un nous dit que la bonté est la beauté par excellence ; l'autre nous persuade, sans trop de peine, que, pour deviner ce don dans notre prochain, nous devons nous-même en posséder quelque chose.

La mer, tantôt polie, tantôt labourée de sillons, mais presque toujours remuée dans ses profondeurs par des causes inconnues, n'est-ce point là l'image de notre cœur ? incessamment agité par quelque passion, même quand il paraît calme.

Certaines âmes, du premier jour où elles se rencontrent, volent au-devant l'une de l'autre et s'unissent étroitement. Elles se parlent et croient s'être toujours entendues ; elles se regardent et croient s'être toujours vues.

Bonheur ! mot vague que nos passions capricieuses définissent de mille manières contradictoires, et dont la seule réalité se trouve dans la pratique de la vertu.

C'est rarement à l'heure où nous sommes le jouet des événements, que nous en apprécions la vraie portée. Longtemps après, souvent, un fait, un mot, un geste nous revient en mémoire, auquel nous n'avions pas prêté attention, et qui aurait pu exercer sur notre vie une influence décisive.

Il y a entre deux âmes honnêtes, avec les entraînements de l'affection, un respect réciproque qui en est la base indispensable.

Comme la main tendue à propos à un indifférent peut en faire un ami, ainsi nous pouvons nous aliéner un ami sûr, en lui refusant notre témoignage à l'heure du besoin.

La haine est rarement un sentiment durable : la paresse ou le manque d'énergie le transforme souvent en indifférence, et une occasion suffit alors quelquefois pour le changer en sympathie.

Celui-là est vraiment généreux qui, pour échapper à des difficultés, ou pour satisfaire son amour-propre, ne trahit pas son ennemi.

C'est toujours une alternative rigoureuse que d'avoir à décider entre les inspirations du cœur et les conseils de la raison. — La pratique ordinaire de la modération, peut seule conseiller le droit chemin.

Combien ne serions-nous pas plus heureux, si, au lieu de rechercher avec tant d'ardeur l'approbation des hommes, nous nous préoccupions surtout d'avoir l'approbation de notre conscience!

Pourquoi faisons-nous tant pour être craints, ou enviés, et si peu pour être aimés?

Les pulsations de notre cœur sont les véritables aiguilles du temps. Dans la prospérité, nous les observons à peine; le jour où l'épreuve vient nous frapper, elles semblent se hâter, et en quelques instants, nous croyons vivre des années.

Le cœur qui a beaucoup souffert, a comme un instinct des hommes et des choses; il devine le danger et le secours.

C'est un si étrange dédale que notre cœur, qu'il n'y a guère qu'une passion forte qui puisse y marquer son chemin.

La vie de la plupart des hommes se passe à côtoyer la vertu et le vice; seules, les natures vigoureuses franchissent les limites.

Il y a des douleurs morales qu'on ne peut confier, et sous lesquelles le cœur succombe sans oser jamais chercher une consolation.

Ne nous lassons pas de faire notre devoir : comme on voit quelques terrains s'assimiler lentement les semences que le cultivateur leur confie, et produire ensuite avec abondance; ainsi, le labeur consciencieux porte souvent des fruits quand l'espoir en semblait perdu.

Mieux vaut la certitude d'une épreuve qui met en jeu les ressorts de notre cœur et de notre esprit, qu'une illusion flatteuse qui nous endort et aboutit parfois aux déceptions irréparables.

La seule popularité enviable est celle que donne une bonne vie. Seule elle est au-dessus des passions humaines; les sociétés corrompues la respectent.

La Providence veille partout sur nous sans que nous en ayions la conscience. En temps d'épidémie, il m'arrive d'être exposé, en certains endroits, à des miasmes meurtriers; mais une main protectrice me guide vers un autre endroit, où je respire des principes qui neutralisent les premiers. — Ainsi l'œuvre de la Providence s'accomplit en nous sans miracle, et pourtant miraculeusement.

Les distances s'effacent; le globe se rétrécit; bientôt les instincts matériels de l'homme ne trouveront plus en ce monde le semblant d'infini qui pouvait auparavant le satisfaire. L'humanité se rapproche à pas de géant de la grande patrie.

La plupart des grands préceptes de morale humaine ne laissent généralement en nous que des impressions fugitives. Seule, la crainte de Dieu est la base d'une sagesse durable.

Quelque habile et incrédule que soit un homme; quelque confiance qu'il ait en ses forces, il traverse des heures suprêmes où son orgueil s'incline, et où il reconnaît que le secours est venu d'un plus puissant que lui.

C'est surtout aux époques de crise, quand les jours de calme menacent d'être sans lendemain, que l'homme doit poursuivre cette paix intérieure que donne une conscience tranquille et qui brave l'adversité.

Nous songeons rarement à la mort, comme si elle ne devait pas nous atteindre un jour; c'est une sorte d'instinct de l'immortalité de notre âme.

Pourquoi mettons-nous si peu d'empressement, avant qu'elle nous frappe, à échanger contre une tranquille certitude une vague espérance?

Quand l'être qui vous est cher s'éloigne pour un long voyage, vous dites volontiers : « Il est moins à plaindre que moi. » — Le mot est surtout vrai, quand celui qui nous quitte prend le bon chemin vers sa dernière demeure.

Demander avec foi le secours de la Providence, c'est nous préparer à la reconnaissance s'il nous est accordé; à une soumission calme, s'il nous fait défaut.

Qui que tu sois, quand tu commences une nouvelle journée, souviens-toi de ta fragilité et remercies humblement la main qui t'a conduit à travers les ténèbres!

Combien de déceptions et de larmes avant de mettre résolument le pied hors du terrain des illusions, avant de cesser de compter sur soi-même et d'attendre tout de la Providence!

Les savants prétendent, au grand scandale des croyants, que nous descendons du singe. Je ne suis pas capable de réfuter leurs conclusions, mais je conviens qu'elles me répugnent, de prime abord. — De quelque côté cependant que soit la vérité, ma foi de chrétien a-t-elle à s'en préoccuper?

Nous ignorons les voies de Dieu et comment sa toute-puissance a conduit l'œuvre mystérieuse de la création. Si l'homme peut perfectionner une fleur, un fruit, une race, à ce point de les rendre presque méconnaissables; si l'étude des âges antédiluviens nous montre d'une manière palpable les transformations, par le perfectionnement, de presque tous les êtres, pourquoi l'homme, le couronnement de cette création, ne pourrait-il, lui aussi, être le produit de perfectionnements successifs? Ma foi de chrétien ne repose-t-elle pas, dans un cas comme dans l'autre, sur le rachat de l'humanité par le sacrifice de l'Homme-Dieu, la créature la plus parfaite de notre espèce?

Les agitations de l'homme en faveur de telle ou telle forme de culte chrétien m'ont toujours paru des témoignages d'orgueil plutôt que de foi.

La vérité évangélique est un mystère d'amour que le cœur peut sonder, mais dont la profondeur réelle lui échappe, et qui, malgré quelques obscurités, contient tous les éléments d'un bonheur sûr en dehors des interprétations humaines.

Toutes les religions qui confessent le nom de Jésus-Christ, « le seul nom par lequel nous puissions être sauvés », sont également agréables à *Celui* qui regarde avant tout au cœur.

Arrivé à un certain âge, l'homme sage connaît le néant des choses de ce monde; mais son cœur ne perd jamais tellement le souvenir des joies mondaines, que la foi aux promesses éternelles efface en lui jusqu'au dernier regret des biens de la terre.

Quand le présent est beau d'illusions et le passé riche de souvenirs, l'homme tremble quelquefois à la pensée de l'avenir. La soumission à la Providence peut seule l'affranchir de pénibles préoccupations.

La prière est l'inspiration de la faiblesse et de la foi, l'aveu de notre néant et le lien le plus puissant qui nous unisse à nos semblables.

Pour atteindre aux enivrements de la gloire, le génie est nécessaire; pour être simplement heureux, il faut surtout du jugement et du cœur.

Les seuls conseils que la jeunesse apprécie sont ceux qu'elle puise dans sa propre expérience. Elle n'accepte ceux de la vieillesse, que quand elle a, à satiété, reconnu sa propre impuissance.

CHAPITRE III

DU MONDE

CHAPITRE III

—

DU MONDE

—

Nous ressemblons, à notre entrée dans le monde, à ces clairs ruisseaux qui vont en chantant se jeter à la mer : ils gardent quelque temps leur direction et leur pureté ; mais, absorbés bientôt par le milieu qui les entoure, ils deviennent amers et salés comme lui.

Nous avons presque tous en nous, à l'état latent, des aptitudes et des ressources auxquelles il ne manque que l'occasion pour se produire : C'est le secret de certaines vocations tardives.

Il y a en réalité moins d'inégalités morales qu'on ne le croit parmi les hommes.

Pour l'homme de bien, la vie est un combat sans relâche que doit couronner une gloire éternelle; pour le plus grand nombre, la vie est un banquet donné par le malin esprit, où les bons morceaux sont réservés aux plus adroits.

Il y a deux sortes de morale, toutes deux nécessaires au bonheur de l'humanité : la morale du monde, qui se préoccupe des intérêts matériels des sociétés;

la morale chrétienne, qui assure ceux de leur avenir.

L'une dit : « Charité bien ordonnée commence par soi-même ; » l'autre : « Aimez votre prochain comme vous-même. »

Telle parole imprudemment lancée produit l'effet de la goutte d'eau qui tombe sur la chaux vive, sans y laisser d'abord de traces, et qui finit par la faire éclater.

Il faut être bien maître de soi et bien fort contre les séductions, pour juger avec sûreté les actions de ceux auxquels on est lié par l'intérêt ou par l'ambition.

Comme l'orage purifie l'atmosphère viciée, ainsi les grandes épreuves qui frappent une société désunie en font ordinairement disparaître les malaises. L'homme est moins mauvais quand la Providence le châtie.

On rencontre des gens dont tout le mérite consiste à avoir, une fois dans leur vie, rendu service à un grand. Ils se le sont dès lors adjugé comme protecteur, avec une si audacieuse persévérance, que l'obligé reste pour toujours dans l'impossibilité de s'acquitter envers eux.

Combien d'âmes d'élite ont l'enveloppe du diamant brut! Le grand nombre les ignore; seul, le lapidaire sait découvrir sous le voile le lustre éclatant.

La dignité de l'honnête homme est un reflet de sa conscience; celle de l'homme du monde est surtout une déférence prudente aux préjugés et aux habitudes de la société dans laquelle il vit.

L'une n'a de valeur que dans un milieu de convention; l'autre est appréciée partout.

On trouve sur son chemin deux catégories d'hommes bien distinctes : l'une a le fonds, l'autre la superficie. Celle-là plaît assez peu dans le commerce du monde, mais, à la longue, on l'apprécie et on l'estime; celle-ci charme au premier abord, puis on s'y habitue comme à un meuble plus élégant qu'utile, et on finit par n'y donner guère plus d'attention qu'on ne fait au figurant doré qui trône parmi les chœurs du théâtre.

Le voyageur qui, gravissant une montagne escarpée, peut en apercevoir le sommet, perd rarement l'espoir d'y atteindre; mais si ce sommet lui reste caché, s'il ne peut saisir le progrès de sa marche pénible, le courage l'abandonne parfois au moment de toucher le but.

Il en est ainsi souvent de nos efforts : combien d'hommes d'énergie sont tombés découragés au moment où ils allaient en goûter le fruit.

Il y a des natures assez heureusement douées sous le rapport de l'esprit et des manières, et qui n'obtiennent cependant jamais l'estime des gens de bien.

L'éducation a dompté chez elles les instincts mauvais sans les déraciner; et toute leur adresse ne peut empêcher qu'on ne découvre à intervalles ce qu'elles sont en réalité.

Que de mariages d'inclination ressemblent à ces feux de paille qui brillent quelques instants d'un vif éclat et ne laissent que des taches noires après eux.

Il y a des hommes qui ne manquent pas de belles qualités, mais auxquels personne n'est pressé de les reconnaître ouvertement, parce qu'ils apportent dans les relations un caractère insoutenable de suffisance.

L'insolence ou l'humilité est chez les hommes médiocres le vrai diapason de leur prospérité.

Redoutez l'air qui entoure les grands ! il finit à la longue par endormir, quelquefois par fausser les meilleures consciences.

Il ne suffit pas d'être audacieux pour obtenir les bonnes grâces de la fortune ; on n'obtient parfois son sourire qu'en lui desserrant les dents de vive force.

Nous mangeons de mauvais pain, mais il a été pétri à la machine; notre linge est brûlé et manque de blancheur, mais on l'a lavé à la mécanique en quelques heures; nos vêtements sont constamment en réparation, mais ils ont été fabriqués en moitié moins de temps que ceux de notre jeunesse; en toutes choses l'homme aujourd'hui s'ingénie à tromper le temps.

En est-il plus heureux?

L'industrie, qui place désormais à la portée de tous ce qui était autrefois le privilége de quelques-uns, a probablement faussé plus de goûts qu'elle n'a développé de vocations.

L'ouvrier d'il y a cinquante ans mangeait un pain savoureux pétri par sa femme; son linge était confectionné et blanchi par elle; le clocher prochain lui donnait l'heure exactement; aujourd'hui, il a peu de bien-être réel, mais sa mansarde est ornée d'une pendule en zinc doré qui ne marche pas.

Quand nous nous sommes épuisés en vains efforts pour surmonter une difficulté, ou pour atteindre un but, nous nous avisons souvent trop tard du suprême remède, qui consiste à tout abandonner au temps.

C'est le maître par excellence, celui à la puissance duquel rien ne résiste.

Il y a peu d'hommes intelligents qui, parvenus à la plénitude de leurs facultés et fouillant attentivement leur passé, n'y retrouvent quelqu'occasion perdue de marquer leur voie.

La fortune n'est pas aussi aveugle qu'on veut la peindre.

Je rencontrai hier S.... Il était à pied et détourna la tête pour ne pas paraître me voir. Mon fiacre vient de croiser au Cours son élégant équipage, et S... a failli, en me faisant un salut, tomber de sa voiture, tant sa précipitation était grande de me dire, par son geste, qu'il ne m'en voulait pas de son impertinence de la veille.

M... a du mérite et quelques avantages extérieurs ; avec de la prudence il ferait un beau chemin, mais sa suffisance le perdra. — Il n'a point d'amis, et les protecteurs que ses débuts lui ont créés sont devenus indifférents à ses succès.

« J'ai le caractère trop indépendant », dit-il, avec suffisance. — Par là passe un grand, qui lui donne un sourire, et le voilà assoupli par le vague espoir d'une dépendance prochaine.

Ainsi, ces superbes amas de neige que les vents du nord entassent au seuil de nos demeures, et qui semblent devoir défier tous les soleils, disparaissent sous les premières haleines du printemps.

R... vient, par une faveur inexpliquée, d'atteindre une position à laquelle sa médiocrité notoire lui interdisait d'aspirer.

Vous croyez sans doute qu'il s'efforcera de se concilier ceux qui, moins fortunés que lui, sont restés en chemin ; point !

Demain, il vous regardera avec l'assurance que donne le mérite, et, après-demain, il sera convaincu que son mérite a trouvé sa récompense.

X..., assez bien doué, n'arrivait pourtant à rien. — Une Bohémienne en renom lui prédit un jour qu'il ferait fortune dans l'industrie, et le voilà si résolûment à l'œuvre, qu'après quelques années, on se le montre comme un modèle d'initiative et de persévérance.

Qui oserait dire que la divination, avec ses oracles obscurs et flatteurs, n'a pas quelquefois donné naissance à de grandes vocations ?

Soyez le dernier par la naissance, mais devenez grand par vos œuvres, et, si la vanité vous talonne, il ne manquera pas de gens pour établir, preuves en main, l'illustration de votre lignée.

CHAPITRE IV

FAIBLESSES & TRAVERS

CHAPITRE IV

FAIBLESSES & TRAVERS

C'est assurément un grand bien que l'homme ne puisse, comme il le désire trop souvent, régler à son gré le cours de sa vie et qu'il lui faille suivre banalement sa destinée.

Il ne ferait sans cela qu'un bond du berceau à la tombe.

Certains hommes versent sur tout ce qu'ils approchent leur bave empoisonnée ; nul n'y échappe, le bon pas plus que le méchant. Ainsi la limace immonde laisse la trace gluante de son passage sur la plus belle comme sur la plus humble plante du jardin.

L'avenir! joyau envié dont chacune de nos épreuves rehausse l'éclat imaginaire, et dont nous ne nous lassons pas de poursuivre la possession, comme s'il devait devenir l'instrument docile de tous nos souhaits.

L'ambitieux vulgaire est inquiet et jaloux; il épie les hommes et les événements d'un regard ombrageux, comme si tout ce qui arrive d'heureux aux autres lui était ravi.

L'homme de mérite, devenu accessible aux louanges de tous, cesse bientôt de mériter celles qu'il devrait le plus ambitionner.

On ne rencontre guère de statures complètes, pas plus dans l'ordre moral que dans l'ordre physique; pas plus dans le bien que dans le mal.

Point d'hommes parfaits, point de scélérats sans ressource.

Redoutez les gens qui veulent tout avoir pour rien, ou du moins qui exigent de vous des preuves d'affection les premiers jours qu'ils vous fréquentent.

L'orgueil est notre plus grand ennemi. Le vaincre doit être notre principale tâche dans la vie, si nous voulons la traverser en paix.

Malheureux les *Aman* qui ne rencontrent pas de bonne heure leur *Mardochée!* (1)

Nous aimons tant la flatterie que notre amour-propre se complaît même aux louanges des sots et des méchants.

Comment se trouve-t-il des chefs assez peu intelligents pour abaisser leurs inférieurs dans l'espoir de se grandir eux-mêmes?

(1) Allusion à l'attitude du juif Mardochée vis-à-vis d'Aman, premier ministre d'Assuérus.

(Livre d'*Esther*. — Ancien Testament.)

Celui qui élève la base de l'édifice n'en élève-t-il pas aussi le faîte?

L'amour qui, dans la jeunesse, est quelquefois une maladie sérieuse, est souvent, dans l'âge mûr, une infirmité fatale.

« Il est né sous une heureuse étoile, » dit l'envieux de son voisin. — L'étoile! n'est-ce pas un bijou que la Providence place dans le berceau de la plupart des hommes? Celui-ci vieillit sans en prendre soin et le bijou se ternit; celui-là le soigne et le bijou, poli avec persévérance, devient l'étoile.

Il est bien difficile de savoir si nos mauvaises actions procèdent de notre méchanceté plutôt que de notre faiblesse.

Partout, dans les œuvres humaines, le mal se mêle au bien, l'horrible au beau, le grotesque au sublime. Qui pourrait, à certaines heures sombres, sonder le moins mauvais des cœurs, y lirait des aspirations à réjouir les criminels !

A voir comment celui que nous nommions hier notre ami, et qui se complaisait à encourager nos pas, sait, aujourd'hui qu'un intérêt nous sépare, dénaturer nos meilleures intentions, nous pouvons juger de la ferveur de la plupart des liaisons humaines.

Qu'une circonstance, que vous n'êtes pas toujours libre de faire connaître, vous oblige à vous isoler de la société où vous avez vécu, et vous verrez bientôt vos prétendus amis, irrités que vous puissiez vous passer d'eux, se liguer pour vous abattre.

Les grandes passions ne sont souvent, hélas! que des défis portés au cœur par l'amour-propre : X... a, pendant dix ans, passé pour un Werther (1) qui, au fond, n'a jamais été qu'un comédien.

La fierté ne sied à aucun; peut-être est-elle excusable chez les petits? La seule qui soit permise aux grands est l'orgueil de ne jamais trahir la justice.

(1) *Nouvelle Héloïse.*

Nous maîtrisons quelquefois nos passions, quand notre amour-propre n'est point en jeu; s'il est notre complice, tout cède à son aveuglement.

A tout âge, nous désirons vieillir : enfant, pour avoir la liberté; adolescent, pour entrer en possession des joies du monde; homme fait, pour conquérir les satisfactions de l'ambition.

Parvenu au terme d'une existence bien remplie, le vieillard envisage sans faiblir la pensée de la mort, qui sera pour lui l'aurore d'une félicité durable.

Nous sortons du monde plus vite que nous n'y entrons; ainsi la chute est plus accélérée que l'élévation.

Les moralistes conseillent à l'homme qui ne sait pas se résigner à vieillir d'observer l'accueil que lui font les femmes. Vous! qui briguez la faveur des grands, vous saurez ce que vous devez en attendre par l'accueil de leurs courtisans : envieux, mais flatteurs, si vous êtes en voie de réussir; hypocritement compatissants si votre étoile pâlit.

Que de peines souvent pour arriver à notre but! et que de déceptions quand nous l'avons atteint!

Cette bicoque, dont les premiers feux menaçaient son assiégeant d'une résistance invincible, s'est rendue subitement avec un matériel délabré, digne à peine des honneurs de l'attaque.

Nous aimons à protéger le talent que nous avons deviné, de préférence à celui qu'on nous recommande. Ici, nous cédons souvent à un simple sentiment de convenance et nous y apportons peu de chaleur; là, au contraire, notre conscience et notre vanité sont d'accord pour exciter notre zèle.

Nous nous attachons plus souvent aux autres par les services que nous leur rendons que par ceux qu'ils nous rendent. Certaines élévations que rien ne semble justifier n'ont pas d'autre cause.

Ne s'accommode-t-on pas plus aisément d'un caractère uniformément difficile, que d'une humeur fantasque, tour à tour facile et exigeante?

Z... ne rougit plus, mais elle sait qu'on rougit, et, pour relever l'éclat de ses chûtes, elle affiche, auprès des simples, du remords de la faiblesse qui lui en coûte le moins.

Les difficultés font éclore, même chez les natures médiocres, des ressources inconnues.

Cette coquette sans beauté a su incendier un cœur qui, fort de son expérience, se croyait à l'abri des faiblesses communes.

La jalousie en amour n'est-elle pas la marque d'une défiance de nous-même, plus encore que la preuve d'une grande passion ?

Nous parlons d'un ton pénétré et chaleureux d'un ami, auquel tous s'accordent à reconnaître de belles qualités, avec le secret espoir qu'il rejaillira de ses mérites quelque lustre sur nous.

Offrir à tout propos est généralement le faible de ceux qui, manquant des moyens de plaire, cherchent à s'attacher les autres en leur imposant la reconnaissance.

Durant la fièvre d'amour, pas une apparence défavorable qu'on ne repousse ; pas une action qu'on ne trouve naturelle !

Vienne la rémittence, et la Vérité nue sort de son puits.

CHAPITRE V

VARIA

CHAPITRE V

—

VARIA

Lisez les biographes! Tout, dans la vie de leurs héros, se lie et s'enchaîne comme les parties d'un plan longuement prémédité.

Grands hommes! qui, de la tombe où meurent les vanités, voyez ce qui se passe parmi nous, vous savez que votre vie fut le plus souvent, comme celle des petits, le jouet de l'imprévu.

L'homme a reçu de la Providence le pouvoir de créer; Dieu seul donne à son gré la durée à ses œuvres.

L'homme qui se nourrit de louanges est exposé à de terribles tiraillements d'estomac.

Cherchons nos succès dans de consciencieux efforts. Si les sollicitations ou la faveur les procurent quelquefois, elles manquent rarement de porter atteinte à la réputation de celui qui en a fait les principaux instruments de sa fortune.

Le brin d'herbe fournit ombre et protection à des milliers d'êtres qui échappent à notre vue; ainsi l'œuvre de Dieu, la plus humble en apparence, a, sans que nous le puissions voir, sa part dans l'harmonie du monde.

Les rapprochements naissent des contrastes et les répulsions des semblables; les autres nous déplaisent surtout par les défauts qui nous sont propres.

La nature seule peut être capricieuse dans ses œuvres, sans que leur harmonie en souffre, tant on y trouve toujours le sceau de la toute puissance créatrice.

Les œuvres de l'homme ont besoin d'une certaine régularité pour ne pas manquer de grandeur.

On voit des sociétés d'élite dirigées par une nullité que relèvent seuls le nom ou la fortune.

Ainsi la caravane de chameaux intelligents suit un âne stupide qui appelle leur attention par le bruit de ses grelots.

La direction des événements est tellement au-dessus de nous, que souvent les plus sages combinaisons sont déjouées et les plus médiocres couronnées de succès.

C'est le secret de chutes inouïes et de prospérités inexplicables.

La noblesse est une robe de pourpre qui se transmet de père en fils : à moins d'être portée par des descendants soigneux, elle perd à chaque génération quelque chose de son premier éclat, et, n'était l'étiquette, on finirait par ne plus la distinguer du sarrau.

Pas de société, petite ou grande, où l'on ne rencontre un peu de tyrannie!

L'autorité, qu'elle se fonde sur le mérite ou sur la naissance, évite rarement l'écueil des allures souveraines.

L'Anglais est pratique, utilitaire; c'est l'homme de l'intérêt, rarement celui de l'idée, et ses actes varient incessamment au gré de sa passion.

Son gouvernement suit la même loi, et la duplicité, qu'on lui reproche parfois, n'est que la fidélité à soi-même, et le mépris des abstractions.

La vraie cause de l'inégalité parmi les hommes ne se trouve-t-elle pas dans leur paresse et dans leur indifférence? Ces défauts ont, de tout temps, livré la direction des sociétés naissantes aux hommes d'énergie, et ceux-ci, en transmettant habilement la même tâche à leurs descendants, ont créé les distinctions des classes.

Le gouvernement républicain ne saurait prospérer chez un peuple amolli et dégénéré.

Dans le gouvernement constitutionnel, qu'il soit d'ailleurs républicain ou monarchique, nul ne peut sans crime rechercher un progrès ou une réforme par les moyens violents, parce que le redressement est à la portée de tous.

Sous le gouvernement absolu, même le

plus sage, l'attachement au souverain est une affaire de temps et de personnes, et la Révolution est toujours latente.

Il viendra, pour les nations comme pour les sociétés, une heure de fraternité. Nos petits-fils verront, quelque jour, s'abaisser les barrières qui séparent les peuples du Vieux-Monde, et l'Europe former une vaste République.

Philosophes qui cherchez le secret de rapprocher les hommes, vous ne le trouverez que dans la morale évangélique, dégagée des subtilités de sectes et qui enseigne aux hommes à s'aimer.

Quand une foi simple et éclairée aura conquis la terre civilisée, le flambeau de la guerre et des discordes sera bien près d'y être éteint.

DEUXIÈME PARTIE

LETTRES

SUR LA PREMIÈRE EXPOSITION UNIVERSELLE

— LONDRES, 1851 —

AVANT-PROPOS

Bien que ces lettres sur la première Exposition universelle ne puissent avoir qu'un intérêt rétrospectif, elles ne seront peut-être pas trouvées hors de propos à un moment où la plupart des grandes nations convient tour à tour l'industrie du monde entier à de semblables tournois.

La première idée d'un Concours international remonte, dit-on, à 1793, et appartient à la Convention; mais les circonstances que traversait alors l'Europe ne permirent pas d'y donner suite, et ce fut l'Angleterre qui, plus d'un demi-siècle après, en 1851, eut, sous l'impulsion d'un prince éclairé (1), l'honneur de réaliser cette belle conception.

J'ai tâché d'attribuer, sans parti pris, la part qui revenait à chaque concurrent dans cette première foire du monde. L'expérience de celles qui l'ont suivie a prouvé que mes observations, quoique formées sur un rapide examen, sont encore aujourd'hui conformes à la vérité.

C. P. — 1878.

---

(1) Le prince Albert, mari de la reine Victoria.

LETTRES

SUR LA

PREMIÈRE EXPOSITION UNIVERSELLE

— LONDRES, 1851 —

Mon cher ami, vous me demandez les impressions de mon court passage en Angleterre. Vous voulez surtout, en homme que chaque progrès intéresse, savoir comment j'ai apprécié le grand Concours ouvert au monde par nos voisins.

Comment vous satisfaire? Huit jours sont si peu pour se former une idée quelconque d'un pareil pays! Attendez-vous une description pittoresque ou une étude sérieuse de l'Exposition? L'une m'est aussi impossible que l'autre; et cependant je tiens à vous répondre, ne fût-ce que pour essayer de classer mes souvenirs déjà à moitié effacés.

Je dois renoncer à suivre un plan dans ce croquis rapide, comme j'avais alors renoncé à suivre un ordre dans mes courses : aujourd'hui à l'Exposition avec le flot des curieux, je me promenais le lendemain sur la Tamise, dans les parcs ou dans les rues opulentes, et, le jour d'après, dans les quartiers pauvres de la Cité. Souvent à pied, au milieu d'une foule qui se bousculait, quelquefois perché sur l'impériale d'un omnibus, partout cherchant la nouveauté et tâchant de me préserver des inspirations d'emprunt.

I

Nous arrivons à Southampton, vers cinq heures du soir, par une belle journée du mois d'août, et, en moins de quelques minutes, nous sommes dans le spacieux bassin de la Compagnie transatlantique, au milieu de vingt bâtiments à vapeur, les uns en chargement, les autres en départ, tous en mouvement. Quand nous quittons le pont du nôtre, un régiment de porteurs et de valets d'hôtel assiége l'extrémité de la planche étroite qui nous conduit à terre, et bientôt vingt mains se croisent pour nous enlever nos bagages, ou pour nous offrir des cartes. Heureusement, en Angleterre, on comprend son voyageur, et dès que nous avons montré le modeste sac de nuit qui pend à notre bras, en articulant un *non* énergique, le passage s'ouvre devant nous.

Précieux progrès, qui tient surtout à la manière simple et commode dont voyagent nos voisins : un sac de nuit ou une petite valise, que le plus chatouilleux observateur des convenances extérieures peut porter, quel que soit d'ailleurs son costume, suffit dans un pays où les déplacements sont rapides et presque toujours motivés par des affaires. Quel contraste avec nos lourds paquets! En Angleterre, le cas d'excédant de bagages n'est pas prévu. Pareille tolérance ne ferait pas la fortune de nos chemins de fer.

Après le débarquement, les interminables formalités de douanes. Ce serait bien là le cas d'une petite tirade contre les *protectionistes*, mais elle sentirait son voyageur impatient et trouvera mieux place ailleurs.

A sept heures du soir, après avoir dépensé une heure et demie à nous frayer, au milieu de deux cents poitrines humaines, un passage vers la porte de la salle de visite, nous avons la satisfaction de voir nos bagages sur le wagon qui doit les porter à Londres; puis, tranquille sur leur sort, nous nous acheminons vers la ville en flâneur qui veut utiliser son temps. Une barrière officielle, gardée par des hommes à boutons blancs, semble vouloir nous arrêter de nouveau; et, comme des gens qui acceptent avec résignation les ennuis de la frontière, nous portons machinalement la main à la poche pour produire nos passeports. Les agents nous regardent faire sans nous comprendre; leurs prétentions sont moins scrutatrices; c'est un demi-shilling qu'ils réclament, nous ne savons à quel titre. Puis, nous sommes réellement en Angleterre, libre de nos mouvements, n'ayant pour limite à l'exercice de notre volonté que les facultés de nos bourses et le respect des lois du pays.

L'entrée du bassin de Southampton nous avait frappé; la ville répondit, de tous points, à cette première impression : l'aisance, l'activité, le génie commercial y brillent à chaque pas; l'industrie y pousse de toutes parts vers le ciel ses cheminées rouges, géants de briques à deux bouches qui vomissent, par l'une, dans l'air, le feu et la fumée; tandis que l'autre verse à flots, sur la terre, les richesses de toutes sortes. — Oui, nous sommes bien en Angleterre, et, pour que rien ne manque à notre certitude, de menus flocons de fumée de charbon de terre viennent s'attacher à nos cheveux, pénétrer dans notre bouche et dans nos yeux, en épaississant l'air que nous respirons.

A huit heures et demie, nous enfourchons le train. A ce moment, les dernières flèches du soleil ricochent sur la crête ondulée des moissons et des prés qui entourent la ville; et la campagne, semée de larges bouquets d'arbres aux ombres allongées, est d'un aspect splendide.

Entr'autres titres de célébrité, Southampton a ses jardins d'amateurs, ses serres et ses beaux fruits : Sa position au sud de l'Angleterre, dans le fond d'une immense baie où les grands vents ne peuvent se déchaîner, est probablement la cause de cette réputation.

Nous marchons à raison de dix-huit lieues par heure, deux fois plus vite que sur nos chemins de fer; en revanche, nous nous arrêtons plus souvent. Mal nous a pris, sur la foi de souvenirs français, de choisir les secondes places; elles sont plus dures que le roc. Mais, ici, on n'y regarde pas de si près, et, quand on a des affaires dans la tête, on pense que le reste du corps doit toujours se trouver suffisamment à l'aise. Après avoir traversé successivement quelques petites villes, dans un pays riche et peu accidenté, nous arrivons, vers dix heures, à la dernière station, et nos yeux découvrent au loin les feux de Londres. Quelques moments après, nouvelle halte pour la collecte des billets ; nous sommes arrêtés au-dessus d'une de ces immenses arches de briques qui dominent et croisent les principales artères des faubourg de la capitale. La rue que nous avons à nos pieds déploie, sur la droite et sur la gauche du train, une longue enfilade de maisons étincelantes, tandis que les portions avoisinantes de la ville, cachées par les toitures qui sont à la hauteur de nos portières, semblent plongées dans l'obscurité. Devant nous, les sommets des églises et des édifices publics découpent au loin le ciel, et, sur la droite, les illuminations d'un jardin public tranchent avec éclat sur le feuillage noir d'un parc. Le bruit confus des voitures qui roulent, des voix des employés qui donnent des ordres, des trains qui partent et de la vapeur qui siffle dans les locomotives, les conversations particulières, les témoignages d'admiration exprimés dans toutes les langues et sur tous les diapasons, tout cela, joint à l'aspect de cette ville immense, qui se devine plutôt qu'elle ne se voit, donne une sorte de vertige qu'on est pressé de voir finir.

A minuit, nous sortons de nos compartiments, et le chapitre de la reconnaissance des bagages commence. Heureux celui qui a su borner ses goûts de toilette aux dimensions d'un porte-manteau! Il le prend sous son bras et gagne son logis. Mais quelle scène de confusion pour les autres! Le train s'arrête, et, vis-à-vis du wagon des bagages, on place une petite barrière, dont les extrémités repliées embrassent un espace de douze à quinze mètres carrés sur le trottoir correspondant. En même temps, cinq cents voyageurs, plus ou moins, viennent, comme une avalanche, se heurter contre ce faible obstacle et reconnaître ce qui leur appartient. On se bouscule, on se déchire, on s'enfonce réciproquement les coudes dans les flancs, pour parvenir au premier rang. Vingt mains se lèvent et battent l'air en même temps, accompagnées, sans variantes, de ces interpellations aux camionneurs : — « Eh! cette malle jaune à droite! — Cette caisse noire à clous dorés, derrière vous! — Celle-ci. — Celle-là. — Oui. — Non. » — C'est à y perdre la tête, et il ne faut pas moins que le flegme britannique pour accepter, sans humeur, de semblables luttes.

Heureux encore quand ces parages ne sont pas fréquentés par quelque honnête chevalier d'industrie qui profite de votre absence ou de votre éloignement momentanés pour enlever habilement votre malle.

Voilà l'histoire de tous les trains anglais. Les nôtres vont moins vite, assurément, mais nos voitures sont bonnes et le marquage des effets de chaque voyageur d'un numéro dont il a le double, lui épargne tous ces tracas. L'Anglais voyage comme il mange. Pourvu qu'il aille assez vite, peu lui importent les ennuis accessoires; de même, il lui importe peu d'avoir une nourriture choisie, pourvu qu'elle soit suffisamment abondante. Le Français se déplace moins, mais il chérit plus ses aises; en tout, il lui faut l'assaisonnement d'un certain goût. Ce seul fait est un trait caractéristique de la comparaison entre les deux peuples : l'un veut surtout le côté utile et immédiatement applicable; l'autre cherche particulièrement à concilier l'utile et l'agréable; celui-ci fait bon marché de la forme, s'il trouve le fond; celui-là ne néglige pas précisément le fond, mais, pour rien au monde, il ne sacrifierait la forme; l'Anglais traite la vie en géomètre, le Français la mène en artiste.

Il est une heure du matin avant que nous ayons la bonne fortune de rencontrer un cocher qui veuille bien condescendre à nous rançonner, pour nous conduire à l'hôtel. Nous y arrivons enfin, après avoir franchi plusieurs ponts gigantesques, parcouru des rues larges comme nos boulevards et peuplées, comme eux, de palais brillants d'or et de feu. Rien n'est net dans l'impression que nous éprouvons; nous sommes éblouis, fascinés, pas convaincus. Mille appréciations diverses, fruit vert d'une demi-journée d'observation, se heurtent dans notre esprit. Déjà nous devinons la moisson promise à notre voyage, et nous nous endormons en rêvant palais, or et lumières.

A demain les premières courses, les émotions nouvelles, la vue de tout ce dont nous allons rêver.

II

Bien que située dans un des quartiers les plus animés de Londres, la rue que nous habitons est, grâce à l'absence de tout commerce, parfaitement tranquille, et nous pourrions sans peine y dormir la grasse matinée, si la curiosité n'était plus forte que le sommeil.

Nos fenêtres donnent sur une des petites entrées du parc de Saint-James, et une grande pelouse, qui va se perdre sous les arbres du parc, nous envoie ses senteurs chargées de rosée. Il est huit heures du matin ; les environs sont calmes, et les maisons voisines, plongées dans le repos, paraissent attendre une heure moins indue pour renaître à la vie. Le bruit des pas de la sentinelle du Palais est le seul qui frappe directement nos oreilles ; et, n'était le roulement des voitures qui bourdonne à distance, nous pourrions nous croire dans une paisible ville de province, au point du jour. Au-dessus des toits qui s'étagent devant nous, autant que la vue peut s'étendre, plane un sombre nuage de fumée. Semblable à la rivière incessamment grossie du tribut des ruisseaux qu'elle absorbe, il emprunte à chaque cheminée des aliments nouveaux, et ses flancs chargés répandent, sans relâche, une pluie noire et impalpable qui, de loin, semble un brouillard d'hiver, mêlé de vapeurs sulfureuses. Rien n'échappe à son indiscrétion : ni les meubles du salon, ni l'eau dans la fontaine, ni les étagères du garde-manger, ni le linge dans l'armoire à double serrure qui le renferme; véritable Protée, il pénètre partout, sous toutes les formes, et y laisse la trace de son passage.

Nous sommes dehors : prendrons-nous un *cicerone?* ou, plus fidèle au caractère national, choisirons-nous la flânerie? Ce dernier avis l'emporte. Rien n'est ennuyeux comme le voyageur officiel, si je puis m'exprimer ainsi, avec ses moindres démarches réglées ou compassées à l'horloge, avec son guide lui prodiguant les points d'exclamation à tant par heure. Que de gens, cependant, croiraient manquer à un devoir sérieux si, en pays étranger, ils n'exigeaient de chaque jour son tribut rigoureux d'allées et de venues, destiné à remplir les pages de leur garde-notes. Ils ont besoin de se persuader, par un chiffre donné de courses faites, qu'ils se sont amusés, et ils croient avoir atteint le but véritable de tout voyage, s'ils rapportent la nomenclature exacte de ce qu'il y a à voir dans l'endroit où ils sont allés.

Nous montons Pall-Mall, et, après avoir laissé, sur notre droite, la colonne du duc d'York, nous arrivons à Trafalgar-Square, l'une des places de Londres par excellence. C'est un vaste polygone irrégulier et en pente, auquel on descend par deux escaliers symétriques, et dont la partie supérieure présente quelques monuments intéressants : les Galeries nationales, édifice d'ordre corinthien, dont la hauteur n'est malheureusement pas en accord avec le développement; le vaste hôtel des ducs de Northumberland, avec le lion de bronze qui le domine; la jolie église de St-Martin, qui, moyennant un clocher moins écrasant, serait un modèle d'architecture, et quelques grandes constructions particulières qui rivalisent avec des palais. Au centre de la place s'élèvent deux grandes fontaines avec une colonne de granit surmontée de la statue colossale de l'amiral Nelson, et, aux quatre coins, des piédestaux destinés à recevoir des lions de bronze.

Il y a incontestablement là tous les éléments d'un coup-d'œil grandiose ; chaque partie, vue isolément, a un caractère de beauté, et cependant l'ensemble choque, parce qu'il manque de goût dans sa disposition. Vainement se déplace-t-on pour trouver un point de vue plus avantageux ; après bien des tours, on doute et on éprouve de l'embarras à porter un jugement. A moitié moins de frais, on eût fait de Trafalgar-Square une place magnifique, en y dépensant un peu plus de goût. Les constructions s'y contrarient et font, dans les diverses parties de la place, des angles inégaux ; plusieurs des rues aboutissantes sont sans régularité ; les échappées de vue manquent ; en un mot, on n'y trouve pas cette harmonie de grandes lignes indispensable aux œuvres de l'homme pour leur donner un vrai cachet de beauté.

A l'un des coins de Trafalgar-Square, nous avisons un poteau de fer terminé au sommet par des indicateurs dirigés vers trois larges rues, et nous prenons au hasard celle qui porte le nom de Strand, parce qu'elle semble vivante et promet de nous donner l'idée d'un quartier populeux. L'inspiration nous a aussi bien servi qu'un guide : nous sommes en plein Londres industriel. Le milieu de la rue, large comme nos boulevards, est, à la lettre, couvert de voitures de toutes formes et de toutes couleurs, parmi lesquelles nous distinguons particulièrement les *omnibus* chargés de passagers jusqu'au faîte, et portant écrit, en gros caractères, au milieu d'un déluge d'affiches, le mot magique du jour : « *Exhibition.* »

Les trottoirs regorgent de gens affairés qui se coudoient et se heurtent le plus naturellement du monde, comme si les égards étaient un temps volé aux intérêts. Les étrangers, faciles à distinguer à leur attitude de curiosité et à leur allure plus lente, contrastent, par leur calme, avec cette foule agitée. On entend tous les langages, on voit tous les costumes, et toujours on reconnaît nos compatriotes à leur conversation bruyante. La rue Saint-Honoré, à Paris, doublée en largeur et en mouvement par la pensée, donnerait une idée assez exacte du Strand. Comme elle, la rue anglaise suit une direction à peu près parallèle au fleuve qui traverse la ville, et constitue une des artères principales. Elle est bordée de magasins somptueux et de maisons immenses qui servent de siége à des banques ou à des sociétés commerciales. Le Palais de *Somerset*, qui la termine, rappelle assez bien, dans ses dispositions, un des carrés du Louvre réduit de moitié.

Pendant que nous nous consultons sur ce que nous avons à faire, un conducteur d'omnibus, qui nous voit le nez au vent, devine en même temps que nous sommes étranger et que nous avons à aller à l'Exposition; et tandis que, d'une main, il montre éloquemment le fameux « Exhibition » affiché sur la caisse de sa voiture, de l'autre il nous saisit et nous lance vers l'impériale déjà comble. La rue est dangereuse à traverser à cause du grand nombre de véhicules qui s'y croisent ; le moment serait mal choisi pour entrer en discussion sur la qualité des places; nous montons et notre équipage roule.

Le conducteur d'omnibus, à Londres, est un type si original que je ne puis résister au désir d'en dire un mot en passant : au lieu d'attendre patiemment sa pratique, comme celui de Paris, il la guette et la devine au milieu de la foule. En un bond, il est de son marchepied sur le trottoir, et, plus rapide que le vautour, il saisit sa proie à coup sûr, avant qu'elle ait le temps de se reconnaître. Puis, il reprend sa place en agitant son bras aux passants et en leur jetant, d'une voix stridente, le nom de sa destination.

Après avoir parcouru quelques rues sans

caractère tranché, nous entrons dans Piccadilly, qui doit nous conduire directement au Palais de l'Industrie. Bien nous a pris d'accepter des places d'impériale; en échange de nos aises, nous jouissons d'un des plus beaux panoramas de Londres. La rue est large comme le boulevard des Italiens, et les voitures, plus nombreuses encore que dans le Strand, sont mélangées d'équipages aux livrées de luxe. Les maisons brillent moins par leur régularité que par leur grandeur, mais, à mesure que nous avançons, elles semblent tenir à honneur de se montrer plus opulentes et font pâlir les monuments publics. Les allées et les parterres de Green-Park se déploient sur notre gauche, en encadrant le Palais de Buckingham, au sommet duquel flotte l'étendard de la Reine : c'est un spectacle féerique. — La rue est un moment obstruée par la foule des voitures qui s'y pressent, mais quelques *policemen*, échelonnés au milieu, suffisent à prévenir tout désordre, en prescrivant à chaque cocher le moment où il doit s'arrêter et celui où il peut reprendre sa marche. Les ordres donnés sans bruit sont exécutés sans contestation, et la tranquillité n'est pas un moment troublée.

Nous profitons de ce moment de halte pour questionner un voisin sur les localités. Quoique étranger aussi bien que nous, il fait déjà sa troisième course à l'Exposition, et il nous nomme les points principaux par lesquels nous passons. Bientôt il nous montre un arc-de-triomphe colossal surmonté par une statue équestre de Wellington, œuvre d'art sans élégance que l'on ne peut guère admirer qu'à la condition d'être Anglais. Des fenêtres de son hôtel, situé en face, le vainqueur de Waterloo peut, à toute heure, voir ce monument de la reconnaissance nationale, et il n'a qu'à se retourner pour rencontrer de nouveau ses traits dans une statue d'Achille que la galanterie des dames de Londres lui a élevée tout auprès. Rien n'égale le fanatisme de l'Angleterre pour le héros Irlandais; rien, si ce n'est la simplicité du héros lui-même. Touchant contraste, plus glorieux que bien des succès militaires!...

Nous voici en face du merveilleux Palais. Ses milles banderoles battent l'air avec orgueil, et ses murailles de glace, comme celles d'un séjour enchanté, semblent avoir été créées en une nuit par la baguette d'une bonne fée pour plaire à son favori. La bonne fée, c'est la vieille Angleterre, avec ses mines inépuisables, son activité sans relâche, son génie sans entraves; le favori, c'est l'industrie à laquelle ici tout obéit.

Nous avons hâte de voir les merveilles promises à l'intérieur, et cependant nous restons cloué à notre place. Depuis ce matin, tant de belles et nobles choses sollicitent notre admiration, et la dernière, en face de laquelle nous sommes, est si étonnante, que nous nous demandons si cette admiration peut aller plus loin encore.

III

Qui de nous ne se rappelle, plus ou moins, ses impressions, en assistant, pour la première fois, à quelque grand spectacle auquel il était, jusque-là, resté étranger, tant par son genre de vie que par son esprit? Ce n'est ni de l'admiration, ni de la joie, ni de l'étonnement, car on démêle à peine ce que l'on éprouve. On est comme frappé d'éblouissement et d'absence momentanée; on ne sait où porter son attention; on reste, quelques instants, privé de volonté, et l'on se dirige machinalement là où l'on voit le plus de monde. Que de nullités, ou tout au moins de médiocrités de l'Exposition, à commencer par la fontaine de cristal lançant ses gerbes aux premiers regards de la foule qui entre, n'ont dû leur succès de la matinée qu'à ce premier sentiment d'indécision!

Peu à peu les idées s'assemblent et l'on secoue son apathie; les uns se font accompagner par un *cicerone*, qui leur exalte, à froid, les beautés de l'Exposition; le plus grand nombre, et nous en sommes, va se pourvoir d'un catalogue et marche droit devant soi.

Esclaves, avant tout, du sentiment national, nous portons nos premiers pas vers le département de la France. Le désir que nous avons d'embrasser, dès cette première journée, l'ensemble de l'Exposition, sauf à revenir ensuite, en détail, aux parties les plus intéressantes, nous défend malheureusement de rester beaucoup au même endroit. Nous nous contentons donc, cette fois, d'un rapide aperçu de nos principaux produits, et nous parcourons successivement les diverses expositions étrangères, sans nous arrêter à aucune plus qu'il n'est nécessaire pour concevoir une idée générale de son industrie, puis nous arrivons à celle de l'Angleterre, qui occupe la moitié de l'espace total et qui a trouvé le moyen d'empiéter encore sur un bon nombre d'autres points.

Un sentiment, peut-être exagéré, d'impartialité, nous retient ici plus longtemps que nous ne l'avons fait ailleurs, et nous sommes tout d'abord frappé des avantages énormes que la place donne aux produits anglais sur ceux des autres nations. Au lieu de spécimens incomplets, ou trop peu nombreux pour attirer l'attention générale, ainsi que cela arrive par suite de l'exiguïté du local dans les départements étrangers, le département anglais en présente une série tellement compacte aux curieux, que l'œil est ébloui et l'esprit frappé. Que faut-il de plus pour accréditer l'idée de supériorité parmi les masses, qui, dans leurs jugements, obéissent plus aisément aux premières impressions qu'à une étude approfondie?

C'est dans le département des machines que l'Angleterre déploie le plus éloquemment toute la force de son génie, du génie qui fait sa gloire et le secret de sa grandeur : l'application intelligente des ressources merveilleuses de son sol à la solution des grands problèmes industriels de notre époque.

En face de ces géants de fer, dont les bras puissants se meuvent avec la ponctualité de l'horloge, on éprouve un respect profond pour la force de l'homme; on sent que le peuple anglais a sur les autres l'avantage d'un jugement droit, dans l'appréciation des sources auxquelles il doit emprunter sa richesse, et l'on soupire en pensant à ce que serait la France, avec ses enfants pleins de sève, si, moins jalouse de tout produire et plus soucieuse de ses véritables intérêts, elle cherchait surtout sa fortune dans l'agriculture et dans les industries qui s'y rattachent. Grave sujet de méditations! qui touche aux questions économiques les plus palpitantes de notre époque et aux droits sacrés de l'humanité.

Le temps est un grand maître; attendons patiemment qu'il nous éclaire, fût-ce à nos dépens!

Nous sortons ce premier jour de l'Exposition, moins frappé encore de ce que nous y avons vu que de la noble idée qui semble s'y révéler à chaque pas et des conséquences que nous en prévoyons pour l'avenir. Peut-être nos réflexions poursuivent-elles une flatteuse chimère; peut-être les promoteurs de cette œuvre gigantesque n'ont-ils pas rêvé pour elle des conséquences aussi vastes que nous les supposons; qu'importe? C'est le propre de toute pensée grande de porter des fruits bien

6*

au-delà de ce que les hommes en attendaient, parce que le Maître qui l'a inspirée veille sur elle et ne saurait permettre que son œuvre reste incomplète.

Le dîner nous réunit à une nombreuse table d'hôtes, presque exclusivement composée d'Anglais étrangers à Londres. Chaque convive est en toilette; la tenue est digne, la conversation générale, quoiqu'un peu guindée. Mon voisin est un ministre de l'Eglise anglicane. Il a bientôt reconnu que je suis Français, et m'adresse poliment la parole dans ma langue. Sa conversation est grave et empreinte d'un caractère de douceur qui attire la confiance. L'état religieux du continent paraît vivement l'intéresser, et ses questions témoignent d'une tendre sympathie pour tout ce qui porte le nom de chrétien. Par une transition inévitable, il rattache l'espèce de temps d'arrêt que l'on remarque en France dans le réveil religieux, à l'agitation momentanée qui tient les partis politiques en haleine, et il termine par ces mots bien sentis :

— « Plus le sol de votre pays fermente, plus belle est la récolte qui l'attend. »

Nous passons la soirée dans quelques-unes des grandes rues qui avoisinent notre demeure, sans autre but déterminé que de voir Londres la nuit. C'est le moment où toutes les grandes villes se ressemblent le plus : la lumière du gaz remplit les yeux et borne la vue à quelques pas, en sorte que les nuances caractéristiques qui, de jour, nous avaient frappé, soit dans le costume, soit dans la disposition des édifices, s'effacent en grande partie.

A cela près de la largeur des rues et des trottoirs, qui est, en général, double de celle que nous connaissons, l'aspect est le même que celui des quartiers animés de Paris. Le vice est tout aussi hideux, malgré son apparente réserve, et la pauvreté, plus affligeante encore sous des oripeaux flétris, étale dans l'ombre des plaies plus douloureuses que toutes celles qui passent en France sous nos yeux.

Au détour d'une rue, nous distinguons une femme accroupie, dans l'attitude de la douleur et paraissant réchauffer un enfant dans ses bras. Un rayon de lumière frappe ses traits amaigris; ses cheveux en désordre tombent sur sa poitrine demi-nue, et ses yeux, qu'elle ouvre à peine, implorent la pitié des passants. La malheureuse tient au sein un enfant de quatre ans et la pauvre créature, aussi affamée que sa mère, jette à la nuit des cris déchirants, en trouvant tarie la seule source à laquelle elle puise la vie.

Douloureux spectacle! qui refoule dans l'âme toutes les joies écloses et qui livre le cœur aux plus cruelles angoisses. Est-ce une loi immuable de ce monde mauvais que l'éternité de semblables misères?

Que de choses vues déjà en quelques

heures! que de contrastes piquants! que de traits de supériorité pris sur le fait! que de grandeur! Et, à côté de cela, que de motifs pour se réjouir de la part que la Providence a faite à notre patrie! que de raisons pour la remercier du rôle intelligent qu'elle lui a donné à remplir sur la scène du monde!

Oui, nous le croyons fermement, c'est au peuple qui est devenu, en raison même des coups dont la fortune l'a frappé, comme le *pionnier* de l'avenir; c'est à la France qu'appartient pour le penseur la place de prédilection dans ce grand tournoi du monde!

IV

Déjà nous ne sommes plus complètement étranger dans la grande ville, et l'obligation de consulter fréquemment notre plan nous a familiarisé avec les voies principales. Aussi est-ce avec l'assurance de vrai pratique que, le lendemain, nous remontons le Strand, puis Fleet-Street, qui le prolonge, et que nous arrivons à Saint-Paul, l'un des monuments les plus vantés de Londres et la plus grande église protestante de l'univers !

Nous l'apercevons, au moment où nous sommes à ses portes, enterrée dans un dédale de petites maisons noires et rechignées. C'est un morceau d'architecture d'une dimension considérable et qui n'est pas sans analogie avec notre Panthéon, tant à l'intérieur qu'à l'extérieur. Plusieurs des tombeaux de marbre qui décorent l'intérieur sont des chefs-d'œuvre de la statuaire, et les caveaux sont très-remarquables. Le chœur, orné de boiseries sculptées en chêne noir, est d'une sévérité riche et d'un caractère simple qui rappelle les grandes basiliques du moyen-âge. Le service divin, qui se célèbre en ce moment, nous oblige à porter ailleurs notre curiosité, et nous gagnons les rues voisines avec l'intention d'aller voir le marché vanté de Covent-Garden.

Un moment égaré, nous demandons notre chemin à un policeman, qui se trouve là par hasard, et le brave homme, craignant sans doute que des indications verbales ne suffisent pas à nous diriger, prend lui-même les devants et nous conduit.

C'est la seconde fois, en deux jours, que

nous avons l'occasion de constater l'empressement et la bonne grâce de ces hommes dans l'accomplissement de leurs fonctions. Instruments de la loi, ils s'appliquent à la faire respecter par une dignité ferme, autant que, par des soins assidus, ils cherchent à en prévenir la violation; aussi, loin d'être des épouvantails pour la population, jouissent-ils de toute son estime.

Contraste frappant avec nos mœurs turbulentes! qui, trop souvent, ne peuvent séparer l'idée de police de celle de vexation, et qui, au lieu de fournir à cette classe d'hommes le concours moral si nécessaire à l'accomplissement paisible de leurs fonctions, l'irritent et la poussent à l'arbitraire par des sarcasmes.

Les rues que nous traversons avec notre guide improvisé sont étroites et peu fréquentées. Les maisons en brique rouge, noircies par l'éternelle fumée de charbon de terre, semblent autant de prisons, et, comme pour donner plus de puissance à l'illusion, des grilles épaisses s'étalent tout le long des trottoirs. On se croirait dans une colonie pénitentiaire, si, de temps à autre, une porte ou une fenêtre ouverte ne venait rompre le mauvais charme. Ces rues abondent en logements garnis, moins chers et plus calmes que ceux des grands quartiers; comme à Paris, il n'est pas rare de les rencontrer dans le voisinage des endroits les plus bruyants et les plus fréquentés.

Le marché de Covent-Garden est spécialement affecté à la vente des fruits et des légumes fins. Il est bâti au milieu d'une vaste place bien aérée, et n'a rien à envier aux nôtres sous le rapport des produits, en dépit de la prétention que nous affichons à posséder les plus riches primeurs de toute sorte. Rien n'égale, en particulier, la beauté des fruits qui s'y étalent aux yeux des gourmands : fraîcheur, maturité, taille, parfum, rien n'y manque. Les Anglais ont traité la végétation comme le reste, le compas et l'horloge à la main. Malgré des difficultés en apparence insurmontables, ils ont obtenu du charbon de terre le moyen de faire éclore, sous les frimas, toutes les merveilles du sol le plus favorisé. Les serres des environs de Londres surpassent, en beauté et en intelligence, tout ce dont nous sommes le plus fiers en ce genre.

Mais ce ne sont pas seulement les fruits d'Europe qui pullulent à *Covent-Market*. Grâce au mouvement transatlantique — toujours le charbon de terre! — les ananas, les bananes, les cocos frais, et tant d'autres produits des tropiques, y sont aussi abondants que sur un marché de la Havane ou du Brésil. Même miracle pour les fleurs et les légumes. L'argent enfante, en Angleterre, des merveilles dont nous n'avons pas l'idée de ce côté du détroit, et ce que nous appelons une fortune commerciale ferait, neuf fois sur dix, sourire de pitié de modestes négociants de la Cité. Mais, en revanche, c'est une source véritable de satisfaction pour notre amour-propre national, que de voir combien la majorité de ces Anglais envie l'unité de notre famille, notre système libéral d'éducation, nos principes égalitaires !

Tout bien compté, la somme des jouissances physiques et intellectuelles de la France l'emporte de beaucoup sur celle de l'Angleterre. Notre commerce et notre industrie ont incontestablement moins d'étendue et de grandeur ; mais, au lieu de rester le monopole de quelques milliers de capitalistes disposant, à leur gré, de la fortune publique, ils sont l'apanage de la masse des citoyens. Or, le vœu de l'humanité est, sans doute, plutôt d'arriver à faire vivre dix familles d'une façon simple et honorable que d'en laisser neuf dans la misère ou à peu près, pour donner l'opulence à la dixième.

Mais l'éclat! mais la gloire! s'écrie-t-on. Mots creux! dont se paient trop souvent les hommes, mais dont la monnaie n'est de bon aloi qu'autant qu'elle est l'appoint d'un bonheur réel. Une nation est suffisamment glorieuse quand tous ses enfants de bonne volonté peuvent vivre en paix du fruit de leur travail; quand ses ressources naturelles sont comprises et exploitées avec ordre; quand elle poursuit, consciencieusement et dans le calme, les réformes utiles au bien général.

Le jour où l'agriculture et les arts qui s'y rattachent prendront, dans l'industrie de la France, la place qui leur est due, aucune nation ne sera plus heureuse qu'elle, parce qu'aucune n'aura à partager plus libéralement, entre tous ses enfants, une plus grande somme de biens.

Il y a déjà plusieurs heures que nous sommes en course, et, malgré l'intérêt que nous offrirait sûrement le trajet à pied jusqu'à Hyde-Park, la fatigue nous décide en faveur de l'éternel omnibus. Le voyageur familiarisé avec Paris arrive à Londres, fort de son habitude des longues marches, et ne doute pas de ses jambes; mais deux jours d'expérience lui apprennent, à satiété, qu'il a changé de terrain. La grande largeur des rues, le peu d'élévation des maisons, qui n'ont, pour la plupart, que deux étages, et sont, par conséquent, plus nombreuses, la multitude de places et les immenses parcs compris dans l'intérieur de la ville, donnent à Londres un développement si considérable, que les courses y prennent des proportions démesurées, et que toute comparaison est impossible entre les deux capitales, à ce point de vue. Au lieu de quinze cent mille habitants que renferme Paris, une portion égale de la superficie de Londres en contient, au plus, sept à huit cent mille. Ce seul rapprochement suffirait à faire apprécier la différence; mais il est un exemple mieux fait qu'aucun autre pour l'établir nettement : les gens qui habitent le voisinage des docks, c'est-à-dire le grand quartier maritime de Londres, ont de quinze à seize kilomètres à faire en ligne droite, pour aller voir l'Exposition. A Paris, le chemin le plus long que l'on puisse parcourir, sans sortir de la ville, est l'intervalle compris entre la barrière du Trône et l'Arc-de-Triomphe de l'Étoile, à peu près sept kilomètres.

Nous arrivons, pour la seconde fois, devant le Palais de Cristal; la foule des visiteurs est moins compacte et mieux choisie. — C'est un jour reservé. — Les équipages les plus élégants, les toilettes les plus riches assiégent les entrées. Le parc, accessible à tous, est encombré de promeneurs de tous pays. On se croirait à la foire du monde!

V

Le Palais de Hyde-Park est déjà pour nous une ancienne connaissance. La course vagabonde de la veille fait place à une marche plus régulière qui doit satisfaire, à la fois, notre curiosité générale de touriste et nos goûts particuliers : elle consiste à passer la première moitié des séances dans les sections qui nous intéressent personnellement, et la seconde, dans une visite d'ensemble. De cette manière, l'agréable doit toujours rester uni à l'utile.

Le département naval de l'Angleterre est sur mes pas et j'y entre avec la confiance aveugle d'ajouter une riche moisson à mes souvenirs de marin ; c'est, d'ailleurs, une belle occasion de voir réunis dans un même local les éléments de ce levier puissant qui remue le monde et qui fait la gloire de nos voisins.

Nous ne pouvons dire que nous fûmes aussi complètement satisfait que la réputation justement acquise des Anglais en matière de marine nous autorisait à l'attendre. Penseraient-ils d'elle ce que Napoléon disait de la République française aux négociateurs de Campo-Formio? « Elle est comme le soleil, malheur à qui ne la voit pas! »

C'est un excès de suffisance qu'on ne peut attribuer à un peuple si soucieux de sa force, même dans les moindres choses. Quelle qu'en soit la raison, toujours est-il que, dans le nombre considérable des objets exposés, on trouve plus de puérilités et de joujoux que de choses vraiment utiles. Une multitude de petits modèles de navires, dont le trait saillant est la gentillesse, fait les principaux frais de cette galerie.

Puis, viennent cinquante à soixante échantillons de bateaux-sauveteurs, de toutes formes, de toutes matières, et, dans le nombre, cinq à six seulement propres à remplir le but qu'on s'en est proposé. Enfin, de vastes tables étalent aux yeux des myriades d'objets, parmi lesquels figurent les inventions les plus incroyables et les moins pratiques; tels sont : le système de pompe qui est censé fonctionner par les seuls mouvements du navire, et qui se charge de préserver tout bâtiment des suites d'une voie d'eau, à la condition qu'il roule comme une barrique; le vêtement qui doit servir, tour à tour, de matelas, de parapluie et de canot, pourvu que le propriétaire soit accompagné, dans ses courses, d'une voiture destinée aux accessoires de son vêtement; et tant d'autres!

Ou bien le jury anglais s'est plus préoccupé de la quantité que de la qualité des spécimens soumis à son appréciation, et il a mis, dans ses opérations, un grand excès de complaisance; ou bien, mû par une louable intention, il a voulu n'apporter aucune entrave à ce concours nouveau, qui semblait le plus fait pour flatter l'amour-propre du pays tout entier. Pour celui qui ne cherche que la variété, l'exposition maritime des Anglais est pleine d'intérêt; pour le marin qui veut y trouver des enseignements utiles, elle laisse à désirer.

Parmi les rares objets qui attirent l'attention générale, se trouve une reproduction de l'Arche, d'après les données de la Genèse. L'exposant, dans une note explicative, met en regard les dimensions des navires transatlantiques qui ont réuni, jusqu'ici, le plus de qualités, et s'efforce de démontrer que tous les efforts de la science n'ont pas donné, pour la pratique, d'autres résultats que ceux révélés aux hommes, il y a près de six mille ans, par Dieu lui-même. Précieux enseignement!

tel que les livres saints en contiennent à chaque page, mais que notre orgueil nous fait trop souvent méconnaître.

De cette galerie, nous passons à celle des machines de mer, et là aussi, nous devons le dire, nous restons plus frappé de la quantité que de la supériorité des produits. Toutefois, les moindres spécimens ayant ici forcément une grande valeur, l'ensemble témoigne éloquemment de l'extension considérable qu'a prise, en Angleterre, l'industrie mécanique. La salle, d'ailleurs, est comblée de monde, et chacun y semble sur son terrain familier.

C'est un trait bien curieux du caractère anglais que l'instinct de la spécialité; l'ouvrier dans chaque branche d'industrie fait de toute sa vie une action physique; à ses yeux, les spéculations de l'esprit ne sont bonnes qu'à remplir les loisirs des classes aisées. En revanche, il est identifié avec ses outils ou sa machine; il les connaît dans leurs moindres parties, aussi bien que celui qui les a construits, et ne fait qu'un avec eux. Ne lui demandez rien au-delà; ne lui parlez pas de l'état de l'Europe; ne l'entretenez pas des destinées de l'humanité, des joies de la vie intellectuelle, ni de quoi que ce soit en dehors du cercle de ses occupations; il ne vous comprendrait pas. L'Angleterre a eu ses Milton et ses Shakespeare, mais combien peu compte-t-elle d'écrivains élégants, d'hommes distingués qui, nés dans l'atelier, étiolés, dès l'enfance, aux miasmes délétères de la fabrique, finissent, comme nous en voyons souvent en France, par s'épanouir aux rayons d'une grande époque et par étonner leur patrie?

Quand on examine cette partie de l'Exposition du Royaume-Uni et qu'on se rappelle ce que produisent les usines françaises de MM. Cavé, Schneider, Mazelines, etc., etc., on peut regretter sincèrement de ne pas les voir figurer à ce Concours, où elles tiendraient dignement leur place. La conclusion la plus avantageuse que nous puissions tirer en faveur de l'Angleterre, c'est que, dans la fabrication des machines, elle produit quatre contre nous une. Sans doute, c'est là une supériorité réelle, qui lui permettra longtemps de poursuivre, mieux que nous, les améliorations de toute sorte; mais cette supériorité est la conséquence naturelle des ressources immenses inhérentes au sol, et elle pourrait bien diminuer rapidement le jour où les fers étrangers arriveraient sans entrave sur nos marchés.

Quoi qu'il en soit, constatons que l'Angleterre est la seule nation à avoir tenté une Exposition maritime proprement dite; et ajoutons que seule elle pouvait le faire. Les progrès de la marine française, dans les trente dernières années, nous donnaient peut-être le droit d'accepter la lutte sur ce terrain, et chacun a pu en juger par les quelques échantillons isolés que nous avons fournis : je veux parler des beaux cordages du Havre et de Saint-Malo; de la machine à distiller l'eau de mer pour l'équipage d'un vaisseau de ligne; des systèmes d'éclairage pour les phares; des instruments de précision, etc., etc. Mais pouvions-nous faire une Exposition purement maritime comme nos voisins? Non! l'espace nous manquait, et il en faut pour des machines de mer. Ne nous eût-il pas manqué, nos fabricants ne pouvaient supporter, sans de graves inconvénients pour leurs intérêts, la dépense qu'entraînent l'envoi en Angleterre d'une pièce de trois ou quatre cents tonneaux et le montage si délicat de ses diverses parties.

Nous reviendrons plus tard sur ce chapitre.

En quittant le département naval, nous entrons dans celui des machines industrielles proprement dites : machines à tisser, métier à carder, presses mécaniques, séchoirs, moulins à papier, etc., etc. Tout est en mouvement, et la foule étonnée ne sait où s'arrêter.

La plupart des travaux que l'ouvrier réalisait, il n'y a pas dix ans encore, à force de soins et d'intelligence, sont devenus la proie de la mécanique. Entre les mains d'hommes de génie, le fer s'est animé, mais au lieu d'une main, il en a mille. Les combinaisons qui coûtaient des journées de surveillance sont l'occupation machinale d'un enfant de douze ans. Là où vingt bras parvenaient, avec peine, à produire une œuvre incomplète, une femme suffit. Et ce n'est pas seulement des tissus que nous parlons, c'est de tout sans exception, depuis l'humble ustensile de ménage, destiné à épargner une partie du temps de votre unique domestique, jusqu'à l'immense instrument qui réduit à dix le nombre d'ouvriers nécessaires à la fabrique où, jadis, vous en employiez deux cents. Rien n'est oublié, car rien ne paraît à l'Anglais indigne de ses méditations, en tout ce qui concerne l'amélioration de la vie matérielle.

La liste des *patent* (brevets) qui se délivrent, chaque année, ferait pâmer d'aise l'homme le plus grave du continent. Pas d'idée, si insignifiante qu'elle soit, qui n'en compte un. Entrez dans une maison de Londres : *machine-patent* pour nettoyer les couteaux en cinq minutes; *machine-patent* pour repasser le gros linge; *machine-patent* pour casser le sucre; *machine-patent* pour ouvrir les huîtres, etc.

Ce qu'on voit dans une maison particulière est, en petit, ce qui se voit dans tout le Royaume-Uni. Au point de vue matériel, la vie s'y résume en deux agents : le charbon et le fer.

VI

Au moment où nous entrons dans la grande allée, pour commencer notre tournée générale, une bande de cent cinquante à deux cents petites filles attire l'attention des étrangers. Elles sont uniformément vêtues de cotonnade bleue unie, portent des coiffes blanches de forme gracieuse, et ont au cou une médaille. Leurs figures sont gaies et fraîches, et leur petite toilette d'une propreté irréprochable. Elles sont accompagnées par des guides qui leur expliquent complaisamment tout ce qui est fait pour les intéresser : ce sont des enfants-trouvés.

Nous avions déjà vu, en parcourant la ville, beaucoup de statues de lord Wellington, mais l'Exposition nous en réservait une collection nouvelle. De même que les artistes français représentent invariablement Napoléon dans sa redingote de bataille, ceux de l'Angleterre affectionnent le petit manteau pour leur héros. Quant à lord Nelson, c'est à peine si l'on en trouve l'image dans deux ou trois bas-reliefs; et, cependant, il est mort depuis longtemps, et lord Wellington est vivant!... Nous n'avons pas l'intention de faire un parallèle entre les services rendus par ces deux hommes célèbres à l'Angleterre. L'un et l'autre ont illustré leur drapeau; seulement, il semble ici sous-entendu que l'amiral n'a, en gagnant des batailles navales, fait qu'une chose toute naturelle pour un capitaine anglais, et qu'il n'y a pas lieu à lui en tenir un compte exceptionnel, tandis que le général d'armée a réalisé ce qu'on n'eût osé attendre de personne, en remportant une victoire décisive contre l'armée la plus aguerrie de l'Europe. Ce serait peut-être le contraire en France, tant il est vrai qu'on est surtout fier des avantages de hasard !

L'amour-propre des nations est le pire de tous ! Jamais les Anglais n'ont eu l'impartialité de placer le profil de Blücher à côté de celui de Wellington. Et cependant !...

Nous entrons dans le salon qui réunit les merveilles de Sèvres, des Gobelins et d'Aubusson, et nous y passons l'heure la plus agréable que nous ait encore offerte l'Exposition. Rien n'égale la beauté de cette tapisserie qui reproduit le tableau du *Massacre des Janissaires* : fraîcheur de coloris, fidélité de dessin dans les moindres parties, tout est digne du modèle. A côté de cet échantillon incomparable de la fabrique des Gobelins, la fabrique d'Aubusson a suspendu ses gracieuses corbeilles de fleurs et de fruits, ses groupes d'animaux, ses sujets de chasse : véritables chefs-d'œuvre faits pour donner envie au plus habile pinceau. La collection des porcelaines de Sèvres, qui s'étale au milieu de ces tapisseries somptueuses, complète une galerie où l'art et le goût français brillent du plus vif éclat.

Dans la pièce voisine sont les meubles d'art et les bronzes de Barbedienne et de Fourdinois, autres merveilles de grâce que tout le monde a admirées. Un concours de visiteurs d'élite semble s'être donné rendez-vous dans ces deux salons, où la richesse des produits le dispute à l'élégance, et qui résument dignement notre industrie artistique.

La curiosité aime les contrastes : quittez donc ces parages pour ceux qui leur correspondent dans les galeries anglaises, et dites, sans partialité, ce que vous pensez de la plupart de ces groupes en métaux de toutes couleurs, où la matière seule triomphe : regardez ce géant farouche pourfendant une douzaine de mécréants, à l'ombre d'un sapin; cet élégant en chapeau rond et en guêtres de chasse, tenant l'étrier à une dame; ce..., mais, à l'exception d'un petit nombre, il faudrait vous les énumérer tous.

On nous a raconté une anecdote assez piquante sur un orfèvre français qui était, autrefois, avantageusement connu à Paris, et qui, depuis quelques années, a transporté ses ateliers à Londres. Le moment de l'Exposition venu, il voulut trouver place dans les deux camps, en sa double qualité d'industriel anglais et français. Rejeté par le jury royal comme étranger, il le fut ensuite, au même titre, par le nôtre, qui avait connu sa manœuvre, et le pauvre homme, dans l'impossibilité d'opter catégoriquement pour l'une des deux qualités, parce que, d'une part, il était retenu par le respect humain, et de l'autre, par l'intérêt, fut forcé de rester chez lui.

Un des commissaires de l'Exposition

française nous fit continuer notre tournée par l'examen des armes à feu des divers départements. Les Etats-Unis, la Belgique, la Prusse se recommandent, d'une manière spéciale, dans cette industrie; mais l'Angleterre et la France y tiennent le premier rang. Quant à la supériorité relative des deux nations, elle serait difficile à établir, — tant chacun des concurrents a déployé d'habileté, — si la comparaison des prix de revient n'ôtait toute hésitation : les armuriers français livrent leurs produits à plus d'un tiers meilleur marché que ceux de l'Angleterre. Ces derniers, doutant qu'une aussi grande différence fût possible, imaginèrent, pour faire pièce à leurs adversaires, de leur commander une quantité assez considérable de canons doubles, convaincus qu'ils reculeraient devant une pareille alternative. La commande fut acceptée et livrée en quelques jours.

La France peut, à bon droit, dans une

industrie où l'Angleterre a tant de moyens de la surpasser, être fière d'une supériorité qui proclame bien haut à quel point notre génie inventif sait surmonter les difficultés de production.

Cette journée et les précédentes nous ont montré en détail les expositions de l'Angleterre et de la France, que nous tenions plus particulièrement à connaître; celles qui, on peut le dire sans encourir le reproche d'exagération, résument le mieux l'Exposition entière. Bien des choses, sans doute, nous restent encore à y voir; mais déjà, cependant, nous en pouvons saisir les traits les plus saillants.'

Dans les galeries de l'Angleterre, figurent, en première ligne, les abondantes matières premières d'où découlent les industries métallurgique et mécanique; l'industrie agricole, représentée par des instruments aratoires d'une grande supériorité sur ceux des autres nations; enfin,

8

des tissus de coton, dont la production est vraiment incroyable. En seconde ligne, viennent les soieries, les cuirs, les draps; en dernière, les œuvres d'art.

Dans l'exposition française, nous trouvons une variété infinie de matières premières répondant, sans exception, à tous les besoins du pays, et une foule d'industries spéciales qui rendent le monde entier notre tributaire, telles que les vins, les draps, les soieries, les nouveautés et les objets d'art à quelque ordre qu'ils appartiennent; dans les autres genres, tout, à l'exception de quelques denrées des zones tropicales.

L'Angleterre emprunte aux autres nations la plupart des éléments de son commerce, et transforme ces éléments pour les renvoyer à leur source primitive. Mais le jour où, par la fréquentation et par l'exemple, ces nations parviendront à transformer, elles-mêmes, leurs richesses naturelles, nos voisins seront déshérités de la plupart de leurs marchés. Il n'en est pas de même de la France, qui compte des productions toutes spéciales inhérentes à son climat, et dont rien ne saurait la déshériter.

L'Angleterre a une force extraordinaire d'expansion, mais cette expansion, qui est la condition vitale de son existence, manque d'une base indispensable pour être à l'abri des périls : l'intérêt général ! La France, au contraire, possède, par ses institutions et par ses ressources, une puissance de cohésion qui a, jusqu'ici, résisté à toutes les secousses, parce qu'elle étend ses racines sur le sol entier.

VII

La quatrième journée, qui s'annonce magnifique, nous invite à quitter momentanément le terrain de l'Exposition pour celui de la ville elle-même. C'est le cas de descendre la Tamise, d'aller voir la Tour de Londres, le Tunnel et les Docks (bassins) du commerce. Après déjeuner donc, nous nous acheminons vers les ponts, et, pendant que le bateau entasse ses passagers, nous parcourons rapidement, du regard, le panorama qui se déploie entre le palais de Westminster et la rive droite du fleuve. Ce palais est, sans contredit, la plus belle construction gothique des temps modernes : art, grandeur, magnificence s'y trouvent réunis; mais, comme tant d'autres édifices remarquables de Londres, il lui manque l'indispensable : une position d'où l'on puisse le voir avec tous ses avantages. C'est, comme Saint-Paul, un diamant dans l'obscurité!

L'omnibus à vapeur qui nous emporte contient de trois à quatre cents personnes; toutes sont debout, condamnées à ne bouger que de la quantité indispensable pour conjurer les inquiétudes dans les jambes. Et ce n'est point un motif d'ordre qui prescrit cette immobilité, mais bien le soin de la sûreté générale; car le navire est si étroit et a si peu de profondeur dans l'eau, qu'un déplacement subit de poids l'exposerait à des inclinaisons dangereuses. Mais, en revanche, comme il est impatient de vous jeter à votre destination! comme il dévore l'espace! Les ponts, les maisons s'enfuient avec la vitesse de la fumée qu'il laisse derrière lui; et, quand un autre bateau vient à le croiser, vous croiriez voir une flèche traversant votre regard. Mille vapeurs ou petits navires semblent devoir entraver sa route, mais l'œil du patron voit tout, et la main qui tient le gouvernail est expérimentée. Pas d'accidents, pas de cris; les mouvements ont la précision de la machine qui vous pousse, et vous arrivez au débarcadère comme par enchantement.

Quelle école de manœuvriers et de mécaniciens!

Après une bonne heure d'attente au milieu d'une foule compacte, la porte de la Tour s'ouvre devant nous, et nous entrons dans la première cour avec le flot des visiteurs qui assiégent le bureau pour prendre leurs numéros d'ordre.

A Londres, pas d'édifice public, pas de monument qui n'ait son bureau : partout on paie le droit de voir; partout la vie est tarifée.. C'est une coutume peu hospitalière en apparence, mais qui, tout compté, a tant d'avantages, quand on l'examine sans humeur, qu'on est tenté d'en désirer l'adoption générale. L'appel à la générosité est, en France, une véritable rançon bien autrement tyrannique et impolie. — En Angleterre, on aime la régularité dans les moindres choses; on tient à ce que le curieux, étranger ou non, ne soit à la merci de personne, et, dans ce but, on exige de lui une rétribution modérée pour solder les employés qui servent à son amusement. En arrivant, il reçoit son billet, moyennant une taxe qui est rarement de plus d'un shilling, et, dès lors, il est dans le droit commun. Qu'il soit venu en équipage ou en sabots, la complaisance de son guide est la même. C'est de la liberté bien entendue, et nos façons de petit-maître sont souvent des guet-apens.

Notre numéro d'ordre est appelé et nous suivons notre *partie* : c'est le nom qu'on donne invariablement à la réunion de vingt ou vingt-cinq personnes, conduites par le même guide. Les gardiens de la Tour, qui remplissent cet emploi, portent encore le costume bariolé du temps de la reine Elisabeth; ils pourraient servir de modèle au valet de carreau.

Des voûtes humides, des escaliers étroits et des cours sombres, où les patrouilles se croisent d'un air mystérieux, comme si elles avaient encore à veiller sur quelqu'illustre prisonnier : tel est l'aspect de la Tour; on a froid et on voudrait être dehors.

Notre première visite est pour la salle des armures : on nous y montre, avec une certaine ostentation, quelques cuirasses françaises recueillies sur le champ de bataille de Waterloo. Les meurtrissures béantes qui sillonnent leur poitrail font plaisir à voir, et les figures des curieux semblent celles d'enfants étonnés en face d'un géant abattu. On se surprend à murmurer ce passage d'une Messénienne :

On dit qu'en les voyant couchés dans la poussière,
D'un respect douloureux, frappés par tant d'exploits,
L'ennemi, l'œil fixé sur leur face guerrière,
Les regarda sans peur, pour la première fois.

Nous passons ensuite par diverses salles historiques, où le guide nous montre la hache qui a décapité Marie Stuart, le cachot de Jeanne Grey et d'anciens instruments de torture; puis, nous entrons dans le corps de bâtiment où sont les joyaux de la Couronne. C'est, à notre goût, la partie la moins intéressante de la Tour, qui n'a, du reste, plus guère qu'un nom et des souvenirs à offrir à la curiosité des étrangers. — Des remparts nous donnons un regard à la Tamise, qui roule ses eaux noires au pied des murailles, et nous sortons, impatients du grand air.

C'est à la hauteur de la Tour de Londres que cessent les ponts qui traversent le fleuve et que commencent les rangs serrés des bâtiments. Leurs files innombrables s'étendent, sans interruption, jusqu'à deux milles de là, au voisinage des docks, immenses bassins creusés de main d'homme, où s'opèrent les déchargements et où chaque navire va prendre place à son tour. Parmi ces docks, les uns sont affectés particulièrement aux denrées coloniales, les autres aux bois, ceux-ci aux vins, etc. Partout y règnent une activité intelligente et un ordre parfait : personne d'inoccupé, peu de curieux ; les instants y valent de l'or; chacun en est avare. Je visitai plusieurs de ces réservoirs fameux : quelques-uns égalent, en superficie, ceux du Havre réunis, et le moindre de tous, celui de Sainte-Catherine, est aussi grand que l'ancien port de Marseille.

Il faut les parcourir pour se former une idée de la richesse et de la grandeur du commerce anglais.

En quittant les docks, nous enfilons une série de rues sales et mal habitées; nous traversons des écluses et des ponts mobiles, jetés sur les canaux latéraux de la Tamise, et, après une demi-heure de marche dans un quartier pauvre, nous sommes, de nouveau, au bord du fleuve, en face d'une inscription qui semble comme honteuse de se montrer : c'est l'entrée du Tunnel, œuvre incomparable au point de vue des difficultés d'exécution qu'elle a rencontrées, mais qui, jusqu'ici, n'a guères servi qu'à satisfaire la curiosité des touristes. Aussi, comme on a mis peu d'amour-propre à en rehausser l'entrée! Nos voisins, qui se connaissent en entreprises utiles, se sont lourdement trompés dans celle-ci : la compagnie concessionnaire tire à peine un demi pour cent d'intérêt de ses capitaux.

La journée est trop avancée pour nous permettre d'aller à l'Exposition ; nous dînons, et, après quelques heures de repos, une voiture nous conduit à Tivoli, sorte de jardin public dans le genre de ceux de Paris, et qu'on nous a beaucoup vanté.

Pour qui a vu ces derniers, Tivoli est le spectacle le plus monotone qui se puisse imaginer ; quand ils veulent imiter les Français en matière de divertissement, les Anglais font des folies.

« Ne forçons pas notre talent,
» Nous ne ferions rien avec grâce,
» Jamais un lourdaud, quoi qu'il fasse, »
Etc., etc.

On sait le reste.

Le programme est à peu près celui de tous les établissements de ce genre : danses à la clarté des lampions de couleurs, au milieu de décorations de carton ; intermèdes de prestidigitation ou d'exercices équestres ; feux d'artifice, etc., etc. Il ne manque à tout cela que de l'entrain et de la gaieté. On danse à Tivoli comme on accomplirait l'acte le plus important de la vie, et si, de temps à autre, une explosion de rires s'échappe du cercle des sauteurs, on est sûr, en regardant bien, de reconnaître à cet endroit un groupe d'étrangers du continent, qui, sans se soucier des regards foudroyants dont ils sont l'objet, dépensent là, comme ils le feraient ailleurs, leur verve et leur bonne humeur.

Quant aux dispositions du jardin, elles sont sans goût; le service des salons n'est pas organisé; c'est, en un mot, un établissement manqué. Et notre pensée n'est pas, en disant cela, de condamner la gravité anglaise, mais seulement de constater qu'elle est inséparable, même des actes les plus frivoles de la vie. Tel qu'il est, cependant, ce jardin est fréquenté par un public nombreux et assidu : « *French fashion!* » dit-on, et cela suffit.

Paris est la ville de l'esprit et du goût; là où l'un de ces éléments vient à manquer, le Parisien ne saurait trouver d'harmonie. Et ce sentiment, il l'apporte partout, dans l'appréciation de la plus belle œuvre comme dans ses plus futiles plaisirs, qu'il appartienne, d'ailleurs, par sa naissance, au palais ou à l'atelier.

Londres est la cité du travail et de la vie sérieuse; chacun y a ses affaires; une heure perdue se traduit, plus ou moins, par une certaine quantité de guinées compromises, et les délassements de l'esprit ne peuvent venir qu'à temps fixe.

VIII

Toute entière aux séductions des deux départements principaux de l'Exposition, notre attention, dans les visites précédentes, s'est presque exclusivement arrêtée aux produits de la France et de l'Angleterre. Désormais, nous voulons consacrer les journées qui nous restent aux autres départements, et, pour être sûr de ne rien oublier, nous entrons dans le palais par la porte de l'Est, puis nous remontons la grande allée, en passant alternativement du côté nord au côté sud, selon les indications du plan.

La première section que nous trouvons sur notre route est celle des Etats-Unis.

Elle occupe, à droite et à gauche de l'allée, un emplacement considérable, qui n'est malheureusement rempli que d'une manière incomplète. Une aigle colossale, aux ailes déployées, semble la protéger. Parmi les objets d'art, y figurent : l'esclave grecque, œuvre admirable, la plus belle pièce de statuaire de toute l'Exposition ; une collection de daguerréotypes d'une rare pureté, et quelques meubles de luxe d'un fini parfait. Mais de toutes les salles de ce vaste département, aucune ne sollicite plus vivement l'attention que celle où sont accumulés les échantillons de céréales, de chanvres, de cuirs, de minéraux, de caoutchouc sous toutes les formes, et de tant d'autres matières utiles, qui, dans un avenir peu éloigné, promettent à l'Amérique du Nord une des premières places parmi les grandes nations industrielles.

De tous les peuples du Nouveau-Monde, les Etats-Unis, seuls, pouvaient figurer, d'une manière brillante, au concours de 1851 ; et, quand on songe aux difficultés qu'il leur a fallu vaincre pour s'y présenter dans le délai fixé, on reste étonné qu'ils aient réuni une si grande variété d'objets. Telle qu'elle est, leur exposition révèle tous les éléments d'un immense avenir commercial, et elle permet de dire, avec certitude, qu'avant quinze ou vingt ans, l'industrie européenne aura perdu, dans ces contrées, une partie importante de ses marchés.

Tant de personnes nous avaient vanté la Galerie Russe que nous y entrâmes, l'esprit peut-être trop disposé à la critique : Portes de malachite aux efflorescences dorées, cheminées de malachite, malachite brute et sous toutes les formes; voilà, en substance, tout ce qu'elle contient. A l'exception de quelques spécimens de matières brutes et de minéraux précieux, de fontes, de lins, de cuirs et de gros draps, on y chercherait vainement autre chose. Nous ne parlons que pour mémoire de deux ou trois bijoux, fort beaux du reste, où l'œil le moins exercé reconnaît l'ouvrier étranger, et d'une collection d'instruments de guerre qui semblent être là comme épouvantail.

La Russie ne compte encore qu'un nombre assez restreint de manufactures; toutes, ou peu s'en faut, relèvent du gouvernement et sont consacrées à la fabrication presqu'exclusive des armes ou des objets d'utilité première. Cette galerie sent le peuple neuf, qui n'a pas encore appris à utiliser ses richesses, et qui veut, avec l'or, atteindre d'emblée aux merveilles du luxe. Sans connaître la Russie, on la devine à son exposition : grands, soldats et esclaves. De même que sa métropole n'est encore ni orientale ni européenne; de même qu'en dépit de la langue, sa société n'est encore ni française ni moscovite; de même aussi son industrie n'a encore aucune couleur propre. Mêlée, de loin, aux intérêts sociaux de l'Europe occidentale, la Russie ne lui emprunte ses progrès que par boutures, auxquelles il faut un temps considérable pour prendre racine. Vainement appelle-t-elle les artistes habiles de tous pays, elle n'obtient jusqu'ici que des fruits de serre-chaude qui flattent sa vanité, mais qui ne pullulent pas. Ce n'est pas le peuple russe qui se révèle dans ces produits hétérogènes, mais bien la volonté absolue d'un homme. Vienne l'homme à manquer, combien durera le temps d'arrêt du progrès?

Quelle transition agréable, quand on entre dans les salons du Zollwerein? Là, point d'objets d'un grand luxe, il est vrai, mais quel mélange d'art, d'industrie sérieuse et de bon sens!

La Saxe est représentée par ses instruments de musique et de précision, par ses dentelles, ses porcelaines fines, ses batistes, ses beaux linges damassés; la Prusse, par ses draps de grande largeur, ses soieries et ses laines richement teintes, ses porcelaines, ses fontes de zinc et de fer, ses produits chimiques et ses nombreuses matières premières; la Bavière et le Wurtemberg par leurs instruments philosophiques, leurs bronzes, leur orfèvrerie, etc., etc. On trouve de tout dans ce département; on y reconnaît des nations laborieuses et calmes; on est content, sans être étonné.

L'Autriche occupe dignement l'espace assez considérable qui lui est affecté de chaque côté de l'allée. Elle expose des cuivres, des soufres, du cobalt, du charbon de terre et bon nombre d'autres produits bruts importants. Parmi ses objets manufacturés, on remarque des porcelaines de prix, peut-être un peu chargées d'ornements, les fameux cristaux de Bohême, un grand choix de produits chimiques, des étoffes très-variées, quelques châles de prix, des jeux d'enfants, des pièces mécaniques, etc., etc. En ce qui touche aux œuvres d'art, l'opinion est presque unanime à considérer la collection de statues envoyée par la Lombardie comme la plus complète et la plus belle de l'Exposition. Quant aux meubles de luxe qu'on entend admirer sur tous les diapasons, je n'ai à leur reprocher que d'être d'un usage impossible, à cause de la profusion d'ornement délicats qui les couvrent.

C'est le côté faible de divers produits rares de l'Autriche ; ce qui n'empêche pas son département d'être, en résumé, l'un des plus riches de l'Exposition, tant par la variété que par la valeur des objets.

Il suffit de nommer la Belgique pour qu'on s'attende à lui voir tenir un rang honorable dans cette lutte. Inutile de parler longuement de ses tissus, de ses machines, de ses dentelles recherchées, de ses tapis, de ses armes; chacun connaît l'esprit industrieux de cette nation, à laquelle il ne manque qu'une place plus large sur la carte de l'Europe.

Autant en pourrions-nous dire de la Suisse, qui se distingue, comme toujours, par son horlogerie à bon marché, par ses boîtes à musique, ses cotonnades de tout genre, ses mousselines unies et brochées, ses articles de bois sculpté, aujourd'hui si répandus, etc. Rien, toutefois, dans son exposition, n'est plus remarquable que le salon des soieries, tant à cause de ses richesses, que de l'ordre parfait avec lequel elles sont disposées. La Suisse, après Lyon, paraît mériter la première place dans cette industrie importante.

Les galeries de l'Espagne et du Portugal sont comprises entre celles de la France et de l'Italie. Nous craignons qu'on n'aie pas, dans le nord de l'Europe, une idée exacte de l'importance de ces contrées, qui marchent, à grands pas, dans la voie des progrès industriels.

L'Espagne se recommande plus spécialement par un choix de matières premières fait pour exciter l'envie des pays les plus favorisés : minerais d'or, d'argent, de plomb, de fer et de cuivre ; mercure, cobalt, soufre ; blés, maïs, fruits secs ; plantes médicinales, tabacs exquis, sucres de canne des environs de Malaga ; liéges, soies écrues et façonnées ; et beaucoup d'autres qu'il serait trop long d'énumérer.

Moins riche que l'Espagne, sous le rapport des produits bruts, le Portugal se recommande particulièrement au point de vue manufacturier : ses étoffes de laine, de fil et de coton, sont de qualité excellente ; ses porcelaines laissent à désirer comme ornementation, mais rien comme pureté ; ses céréales indiquent des procédés de culture intelligents et avancés ; enfin, ses échantillons de marbres, d'instruments de chirurgie, de cuirs, de soieries, de sujets en ivoire, méritent un sérieux intérêt. Nous tenons de source certaine que quelques soieries du Portugal pourraient rivaliser avec celles de l'Europe centrale, mais qu'elles n'ont pu être envoyées à l'Exposition, parce que le marchand qui les fait fabriquer trouve à les placer à Lisbonne, comme françaises, et craindrait de perdre ses profits, si sa supercherie était connue; ajoutons, à l'honneur de l'esprit national portugais, que ce marchand est étranger.

Mais prolonger davantage cette revue serait se condamner à une insipide nomenclature; chacun connaît, plus ou moins, les productions immuables de la Turquie, de l'Inde, de la Chine, pour les avoir rencontrées dans des collections : pour l'Inde, c'est une selle chargée d'or, un palanquin de velours brodé, un harnais d'éléphant; pour la Turquie, des écharpes au chiffre du Sultan, des tapis moelleux et brillants, des flacons d'essence de rose, des pipes, des sabres; pour la Chine, des soieries proverbiales, des ivoires sculptés, des vases de porcelaine; et ainsi des autres.

S'il nous fallait en deux mots donner une idée générale de l'Exposition, nous représenterions l'Angleterre par une machine à vapeur mettant en mouvement cent métiers divers; la France par un salon gracieux, tapissé de Gobelins et rehaussé de Sèvres; la Russie par une porte en malachite richement ornée et donnant accès sur un arsenal; les Etats-Unis par un radeau de caoutchouc; l'Inde par un éléphant surmonté de son baldaquin, etc., etc.

Toute banale qu'elle soit, cette image est le croquis de l'Exposition.

IX

En résumé, on ne voit guère, dans le Palais de Cristal, de choses que le voyageur curieux n'ait, plus ou moins, rencontrées à Londres et à Paris. Certes, c'est un avantage de les avoir toutes réunies dans un même lieu et de pouvoir les comparer; mais cet avantage est plus apparent que réel, si l'on considère combien la multitude des objets et leur éloignement relatif rendent cette comparaison difficile. D'autre part, nos voisins se sont ménagé, dans la lutte, tant de moyens de supériorité indépendants de la qualité de leurs produits, qu'il ne faut pas moins qu'une attention soutenue pour se former de ceux-ci une opinion exacte dans la plupart des cas.

Nous ne parlerons pas des articles pour lesquels ils sont sans rivaux, tels que les machines, les instruments d'agriculture, les fers, les aciers ouvragés, etc., mais bien de ceux que l'Europe est habituée, avec raison, à demander à d'autres nations, comme les soieries, les articles rares, les beaux tissus de laine, les bijoux, les objets d'art. Maîtres absolus de l'espace, ils ont pu doubler et tripler le nombre de leurs exposants dans chaque genre d'industrie; les transports leur ont été faciles et peu dispendieux; l'entretien des produits n'a exigé d'eux que des frais insignifiants, et ils ont eu la faculté de renouveler, au fur et à mesure, ceux qui se fanaient; enfin, grâce à des capitaux considérables, ils ont, comme chacun le sait, appelé à leur aide le concours de plusieurs artistes étrangers, qui ont sacrifié leur amour-propre national à l'intérêt!

Nous ne citons que des faits authentiques et faciles à vérifier.

C'étaient là, on en conviendra, des éléments de supériorité qu'il était difficile, sinon impossible, de combattre. Mais nous les négligeons parce qu'ils nous donnent le droit d'attendre, en revanche, de l'impartialité dans la distribution des récompenses accordées aux exposants.

En a-t-il été ainsi ?

Qu'on en juge !

Sous prétexte qu'une œuvre qui avait rapproché les peuples du monde entier et établi entre eux des liens d'estime et d'affection, ne devait pas se terminer par une répartition de faveurs qui pourrait faire naître de fâcheuses rivalités, la Commission royale décida que les médailles accordées n'impliqueraient pas un degré de supériorité relative entre les concurrents, mais seulement l'excellence absolue des produits de chacun ; c'était ne rien enlever à la réputation de l'Angleterre et attenter à celle des autres nations; c'était l'aveu d'un dépit difficile à comprendre de la part d'un peuple qui possédait tant de garanties de succès dans la plupart des arts utiles. Cependant, la Commission poussa encore plus loin ses restrictions. Sans égard pour la voix de l'opinion publique, qui se prononçait ouvertement en faveur de certains de nos exposants, tels que les fabricants de tissus de soie, de coton et de laine, d'instruments de chirurgie, elle décida que leurs industries n'auraient pas de récompenses de premier ordre ou seraient tenues hors concours. Malgré la supériorité, reconnue par le Jury, des pianos d'*Erard* sur ceux de *Broadwood*, ce dernier fut traité aussi bien que son vainqueur; en un mot, rien ne fut négligé pour couvrir du voile de la philanthropie le parti-pris de ne point ouvrir à d'autres nations des marchés où l'Angleterre devait rencontrer leur concurrence.

Malgré tout ce que l'Exposition universelle de 1851 a réalisé de grand et d'utile, nous n'hésitons pas à dire qu'elle n'a pas été suffisamment libérale, et il appartient à toute grande nation, qui le voudra sérieusement, de la laisser loin derrière elle.

Nous essaierons de dire comment nous comprendrions la prochaine Exposition, et, pour fixer les idées, nous supposerons l'initiative venant de la France.

Trois ans avant l'époque choisie, tous les peuples seraient prévenus. Au bout de dix-huit mois, chacun répondrait à l'appel, en faisant connaître à peu près l'ensemble des objets qu'il compte exposer et la place qui lui est nécessaire dans chaque spécialité. Une fois toutes les demandes parvenues, le plan de l'édifice serait dressé de manière à satisfaire les plus exigeants. Une souscription à laquelle prendrait part chaque nation, au prorata de l'espace réclamé par elle, et complétée, au besoin, par le gouvernement français, couvrirait les frais de construction.

Arrivés en France, les divers produits viendraient à Paris aux frais de l'Etat; ils seraient renvoyés de même à la frontière. On les classerait, autant que possible, par catégories, afin que les connaisseurs, dans chaque genre, pussent, de prime abord, établir leurs comparaisons, ce qui n'avait pas lieu à Londres. Pour tous les objets susceptibles de se faner à la lumière, tels qu'étoffes, articles de couleurs tendres, etc., etc., les exposants auraient la faculté de les remplacer à leur volonté par des objets semblables, réservés et soumis au Jury. Trois fois par semaine, les entrées seraient libres pour tout individu porteur d'un livret d'ouvrier et pour tout fonctionnaire, civil ou militaire, en uniforme; les trois autres jours, on percevrait un droit dont le montant servirait à donner des récompenses pécuniaires aux exposants français pauvres qui se seraient distingués, et à couvrir les frais de personnel.

Un mois avant la clôture, un Jury, nommé par tous les exposants, serait chargé de la répartition des récompenses et fixerait préalablement le degré d'importance des produits, en les rangeant dans les catégories 1, 2, 3. La première catégorie comporterait les médailles d'or, la seconde celles d'argent, la troisième celles de bronze.

Ainsi, en supposant les instruments de chirurgie mis dans la seconde catégorie, l'industriel qui se serait le plus distingué recevrait une décoration d'argent avec ces mots : « *Instruments de chirurgie. Médaille de première classe décernée à M..., de... Exposition universelle de 18...* »

L'opération du classement terminée, le jour annoncé pour la clôture, une fête nationale réunirait, dans l'édifice même de l'Exposition, tous les candidats, et la distribution se ferait avec pompe; puis un procès-verbal, imprimé dans toutes les langues, irait porter aux extrémités du monde le résultat du concours, en proclamant les vainqueurs et leur nationalité.

Nous nous trompons peut-être, mais il nous semble qu'une pareille manière de procéder rendrait à l'humanité d'importants services. Au lieu de vaines rivalités et de récriminations acrimonieuses, elle ferait naître, dans chaque pays, le sentiment des seuls intérêts véritables, et inaugurerait une nouvelle ère de progrès et de richesses, en assignant à chacun le rôle réel qu'il a à jouer dans les destinées matérielles de l'humanité. . . . .

. . . .

Telles sont, cher ami, les impressions que je conserve de ce grand concours et de mon premier voyage en Angleterre. — Peut-être un plus long séjour les eût-il modifiées ! Il n'y a que deux manières d'écrire sur un pareil sujet : ou bien après l'avoir étudié à loisir, afin d'en parler *ex-professo;* ou bien en reproduisant, à mesure qu'elles se produisent, les observations qu'on recueille, sans trop s'appesantir sur aucune.

C'est à ce dernier parti que je devais forcément m'arrêter. Si j'ai réussi, même incomplètement, à rendre sensible pour vous ce qui m'a frappé, mon récit sera comme l'empreinte que reçoit la cire molle au contact rapide des reliefs; incomplète en quelques parties, mais si accentuée dans d'autres, que l'on ne saurait manquer d'y reconnaître les principaux traits du modèle.

C. P. — **Décembre 1851.**

TROISIÈME PARTIE

DE LA SITUATION
DE L'ANGLETERRE
VIS-A-VIS DE SES COLONIES (1865)

AVANT-PROPOS

L'émancipation de la plupart des colonies anglaises, en donnant à chacune un régime parlementaire calqué sur celui de la mère-patrie, a fait naître entre elles et la métropole, des frottements qui ont, à certains moments, menacé de dégénérer en conflits.

C'est l'historique sommaire de cette phase féconde en enseignements que j'ai retracé dans l'étude qui suit.

C. P. — 1865.

DE LA SITUATION

DE L'ANGLETERRE

VIS-A-VIS DE SES COLONIES (1865)

On a beaucoup entendu parler, dans ces derniers temps, de différends survenus entre l'Angleterre et quelques-unes de ses grandes colonies. Ces différends ont même, en diverses circonstances, pris un caractère de gravité telle que des malaises, sinon des inquiétudes, se sont produits dans l'opinion. Il est difficile de connaître la vérité tout entière sur l'origine de ces divisions ; les torts ont été réciproques. Tantôt, c'était la métropole qui, trop oublieuse que sa postérité était émancipée, reprenait vis-à-vis d'elle des velléités d'ingérence dans des questions échappées à son ressort, ou prétendait lui imposer sa volonté au mépris des aspirations des colons; tantôt, c'étaient les colonies qui, enfants gâtées, à peine affranchies de leurs langes, s'imaginaient qu'elles pouvaient courir seules, et, dans leur essor inexpérimenté, attiraient gratuitement sur les bras d'une mère indulgente des embarras et des charges.

En devenant moins fréquents à mesure que les colonies se familiarisent avec leurs libertés, ces tiraillements, quand ils ont lieu, prennent en revanche un caractère d'acrimonie qui menace de conduire les deux parties à des résolutions extrêmes : la colonie murmure des menaces de séparation violente; la métropole se demande s'il n'est pas de sa dignité d'être ferme jusqu'aux dernières limites.

Cet état de choses, dans un temps où les appels à l'économie trouvent au sein du cabinet anglais de puissants échos, a donné naissance à un parti considérable, formé d'hommes de toutes les nuances, qui recommande d'abandonner à elles-mêmes celles des dépendances de la couronne qui jouissent d'un régime représentatif, sous prétexte qu'elles sont des causes continuelles de dépenses et de préoccupations. A entendre ce parti, tant que le Royaume-Uni reconnaîtra, entre lui et de semblables colonies, un lien de parenté, elles n'apporteront dans la conduite de leurs affaires ni la prudence, ni la modération voulues; elles emprunteront ses soldats, ou, à défaut de ses soldats, son argent, et l'entraîneront contre son gré dans des aventures dangereuses.

Ceux qui raisonnent de la sorte n'oublient-ils pas bien aisément les jouissances d'amour-propre national que leur procure la vue des institutions et des couleurs britanniques sur tous les rivages, et les sources de richesse que ces mêmes colonies alimentent pour eux? S'ils étaient les maîtres d'appliquer leurs doctrines, le feraient-ils? On peut en douter; tout au moins peut-on affirmer que le pays en masse ne partage pas ces sentiments extrêmes. Le peuple anglais gronde aisément quand il lui faut délier sa bourse, mais rarement son bon sens se laisse-t-il aveugler par un accès d'humeur. Il sent d'instinct que les colonies sont une des premières conditions de sa grandeur, moins à cause du commerce qu'elles lui procurent, et dont une séparation ne lui enlèverait qu'une faible partie, que par l'action considérable qu'elles lui assurent sur tous les points du globe à la fois : action maritime, que chaque nation aujourd'hui veut exercer comme une des manifestations les plus positives de puissance. Avec ses colonies, la Grande-Bretagne est à tout moment et partout à l'affût des événements, prête à les tourner au profit de sa politique; sans ses colonies, avec une Europe tranquille, elle cesse de peser directement sur l'ensemble du monde, et son influence, ramenée au cercle de ses intérêts immédiats de voisinage, s'amoindrit notablement.

Quant aux charges que certaines gens reprochent aux colonies d'imposer au budget du royaume, sont-elles réellement exorbitantes? Si on laisse de côté les grandes possessions asiatiques qui, avant peu de temps, grâce aux réformes apportées dans leur système financier, paieront elles-mêmes toutes leurs dépenses, on trouve que la somme consacrée annuellement aux colonies est d'environ 50 millions de francs. C'est en vérité bien peu pour un si grand résultat. Cette somme, il est vrai, ne comprend pas les dépenses que, de temps à autre, on est contraint de faire sous l'empire de circonstances imprévues, telles, par exemple, que celles occasionnées, lors de la difficulté du *Trent*, par l'envoi de 10,000 hommes au Canada, et récemment par la guerre de la Nouvelle-Zélande qui demanda plusieurs régiments. Cette objection est l'arme la plus forte des gens qui attaquent le système colonial de l'Angleterre. Selon eux, le contribuable ne peut compter sur rien ; au moment où il se croit fondé à espérer une réduction de taxes, des appels imprévus sont faits à sa bourse pour soutenir une politique maladroite, et il se demande avec inquiétude ce que deviendrait de nouveau le fardeau de la dette publique, si, par un amour aveugle pour une postérité turbulente, l'Angleterre voulait empêcher ses colonies de devenir la proie de quelque nation puissante? Qu'au lieu de cela, elle s'en sépare résolument, et non-seulement le budget sera allégé de toutes les dépenses ordinaires, mais encore il n'y aura plus, pour le pays, nécessité d'entretenir une flotte et une armée considérables.

Raisonnement sans ampleur! qui ne se discute pas, et qui ne va à rien moins qu'à un effacement complet, en vue de satisfaire quelques mesquines aspirations d'économie. En réalité, les dépendances de la couronne coûtent peu, et quand on songe aux progrès qu'elles ont, pour la plupart, accomplis depuis leur naissance au régime représentatif, on est fondé à compter qu'elles coûteront de moins en moins. Tant qu'elles étaient faibles, c'était pour l'Angleterre un devoir de mère que de leur tendre ses bras; mais il n'y a pas de raison pour qu'une fois arrivées à leur stature entière, on ne réduise pas chaque année l'aide qu'on leur prête aujourd'hui.

C'est évidemment là, pour la Grande-Bretagne, la saine politique coloniale, et on se tromperait en pensant qu'elle y faillît. Quand au danger que, sans motif grave, quelques grandes colonies voulussent se déclarer totalement indépendantes de la couronne, nous le croyons, malgré ce qu'on a pu dire, complètement imaginaire. Quand on envisage à fond la situation des deux parties, on se convainc aisément que l'une et l'autre veulent rester unies. Où les colonies trouveraient-elles, dans une heure suprême de difficultés, plus d'appui que l'Angleterre n'en offre? Où l'Angleterre rencontrerait-elle, mieux que dans des populations affectionnées, le point d'appui indispensable à sa politique? Ce que la couronne désire, — et elle est en droit de l'attendre, — c'est que ses dépendances apprennent à régler leurs désirs sur leurs forces et non sur les siennes; ce que les dépendances demandent, c'est de pouvoir compter d'une manière absolue sur la couronne pour les garder d'une invasion. Pareil contrat n'a rien que de raisonnable; tant qu'il sera respecté des deux côtés, nulle catastrophe n'est à redouter.

L'exemple que donnent en ce moment

les provinces anglaises du Nord-Amérique, et dont nous aurons à parler longuement un peu plus tard, est sous ce rapport bien digne d'attention : lentes d'abord à céder aux conseils de l'opinion qui les pressait d'organiser elles-mêmes des moyens de résistance pour le cas d'une agression des Etats-Unis, et de ne pas compter exclusivement sur la métropole, elles prouvent aujourd'hui qu'elles comprennent leurs devoirs, et l'avenir leur réserve, à n'en pas douter, de brillantes perspectives.

Comme nous l'indiquions en commençant, les embarras causés à l'Angleterre par quelques-unes de ses grandes colonies ont, dans plusieurs cas, emprunté une gravité particulière aux fautes mêmes du gouvernement. On n'a pas oublié l'origine du conflit soulevé par les projets d'établissement d'une colonie pénitentiaire dans l'Australie occidentale. Les habitants de la province de Victoria déclarèrent, avec plus de véhémence que de raison, qu'ils se sépareraient violemment de l'Angleterre, si ces projets étaient mis à exécution. Vainement leur représenta-t-on que le grand éloignement du point choisi et le manque de routes écartaient d'eux tout danger : ils ne pouvaient oublier leur propre origine, et la présence de convicts sur leur territoire eût été comme un reproche perpétuel. Bien des gens conseillaient au gouvernement de tenir bon, sous prétexte que les Australiens n'avaient pas de droit à la totalité du sol ; quelques organes influents de la presse cherchèrent même à intimider les Australiens en exhumant un soi-disant projet qu'aurait, l'an dernier, formé le czar, pour s'emparer, au moyen d'un coup de main, de l'Australie, si la France et l'Angleterre prenaient parti pour la Pologne. Rien n'y fit : les Victoriens se sentaient dans leur droit et ils restèrent fermes. Le cabinet, comprenant qu'il s'exposerait par l'obstination à perdre une belle colonie, eut la sagesse de céder; l'établissement pénitentiaire sera fondé ailleurs.

C'est, appliquée aux colonies, la doctrine des concessions faites à propos, qui lui a si souvent réussi ailleurs.

La guerre actuelle de la Nouvelle-Zélande est un autre exemple à citer contre le gouvernement. Elle n'a pas eu d'autre cause que l'appui tacite, sinon effectif, donné à la conduite imprudente des colons. Si ces derniers, dès le début, eussent été laissés à eux-mêmes; s'ils n'avaient pas été amenés à compter sur l'Angleterre pour embrasser leur querelle, la lutte n'aurait pas éclaté. Les Nouveaux-Zélandais sont d'une intelligence remarquable, et le contact des étrangers a développé chez un grand nombre d'entre eux des notions de justice et de générosité plus nettes assurément que celles de bien des colons. Prêts à s'incliner devant les droits, ils supportent péniblement les empiètements arbitraires, et se sont souvent plaints de l'arrogance avec laquelle on accueillait leurs réclamations. Le gouvernement local, et après lui le gouvernement métropolitain, ont malheureusement prêté à certaines transactions une main complaisante, et les naturels, abandonnés de tous, sont devenus attentifs à la voix de leurs meneurs.

On connaît ces transactions : des agents officiels achetaient des indigènes, à vil prix, des terres qu'on revendait ensuite aux colons vingt fois autant. Tant que les achats se bornèrent à quelques centaines d'acres et s'effectuèrent au moyen de marchandises de valeur mal déterminée, le mécontentement ne se fit pas jour ; mais lorsque les magnifiques richesses du sol attirèrent un grand nombre d'émigrants, et que ces ventes illusoires furent en quelque sorte imposées aux Nouveaux-Zélandais, ils sentirent toute l'étendue du dommage qu'on leur causait, et élevèrent d'énergiques réclamations. On leur répondit par des promesses dont on ajourna l'accomplissement, et qu'on négligea ensuite de remplir. Lorsque l'heure de l'émancipation politique de la colonie sonna, ils purent s'attendre à voir la constitution stipuler des garanties en leur faveur : vain espoir ! On leur refusa jusqu'au droit de voter, sous prétexte que, vivant en communauté par tribus, il n'existait pas parmi eux de propriétaires. La reine fut déclarée seul possesseur du sol, et la spoliation se trouva consommée par le gouvernement local. Le gouvernement britannique sanctionna cette théorie draconienne.

Que pouvait-elle signifier pour des hommes intelligents et résolus, sinon oppression à outrance? Avec quelques ménagements, on eût fait d'eux des auxiliaires actifs de colonisation; en les traitant avec dédain, on les poussa à la guerre.

Telle fut la cause de la lutte qui désole cette belle possession. Depuis qu'elle a éclaté, les naturels n'ont négligé aucune occasion de montrer des dispositions de paix qui ont toujours été rejetées. Braves et unis comme ils le sont, on ne les soumettra qu'en les exterminant, et ce serait assurément un acte de sagesse et d'honnêteté que d'entrer de préférence en arrangement avec eux. Il y a malheureusement dans la Nouvelle-Zélande, comme dans toutes les jeunes colonies, bon nombre d'aventuriers qui ne veulent entendre qu'à leurs convoitises, et qui prêchent la violence quand même. Ils oublient que leurs intérêts présents sont compromis, et que la métropole peut, un jour ou l'autre, se lasser d'appuyer des prétentions mal fondées; l'espoir d'acquérir de vastes étendues de terrain les rend sourds à toutes les considérations. Un pareil état de choses ne saurait durer, et ce n'est probablement pas trop présumer de la modération du cabinet, que de penser qu'il reviendra sur son erreur.

Qui sait du reste si ce conflit regrettable ne portera pas des fruits utiles, en hâtant l'accomplissement d'une idée qui s'est fait jour dans plusieurs publications : la fédération des colonies australiennes sous la protection de la couronne? Cette mesure, qui affranchirait le trésor de lourdes charges, laisserait à chaque colonie son autonomie actuelle, tout en la maintenant sous la dépendance d'un gouvernement central pour ses besoins militaires, etc., et il en résulterait dans ses conseils une salutaire circonspection.

Nous pourrions, en remontant en arrière de quelques années, trouver d'autres exemples d'indécision de la part du cabinet, et d'obstination puérile de quelques colonies. Pour n'en citer qu'un des plus remarquables, on se rappelle le cas de la législature de Terre-Neuve, qui, pour faire acte d'autorité et d'indépendance, repoussa, en 1857, une convention de pêcherie ratifiée entre la France et l'Angleterre, et dont les bases reposaient sur des traités, antérieurs de près de cent ans à l'existence même d'une ombre de gouvernement dans cette île. Le ministère était dans son droit et aurait pu rester ferme ; mais il se laissa intimider par des menaces de soulèvement, et un acte qui mettait fin, à l'avantage des deux parties, à de longues difficultés, succomba sous un accès de mauvaise humeur.

Sans qu'il soit nécessaire de poursuivre davantage cet examen des tiraillements survenus entre l'Angleterre et ses colonies, on distingue clairement que les torts ont été réciproques, et que des modifications importantes, mûries par l'expérience, se préparent dans leurs relations. Déjà le peuple anglais discute avec une parfaite placidité les vœux de quelques-unes de ses possessions, et, loin de les condamner, les accueille comme des gages d'économie, en même temps que de consolidation plus intime des liens qui unissent les deux parties. Comment, à ce propos, ne pas admirer la faveur témoignée, il y a quelques mois, par toutes les nuances de l'opinion au projet de fédération des provinces anglaises du Nord-Amérique? Les organes principaux de la presse furent unanimes à déclarer que, si ces colonies aimaient mieux vivre fédérées que sous leurs formes actuelles de gouvernement, il fallait les y encourager et les aider à s'organiser.

La marche de ce grand mouvement, qui, avant longtemps peut-être, sera suivi d'autres mouvements semblables, est trop intéressante pour qu'il ne nous soit pas permis de lui consacrer quelques pages, comme à un des événements les plus considérables de l'histoire coloniale du Royaume-Uni.

L'acte d'union des deux provinces Canadiennes date, on le sait, de 1841, et sa stipulation la plus importante fut qu'elles auraient, dans les deux Chambres de l'Union, un nombre égal de représentants. C'était là un avantage considérable pour le Haut-Canada, dont la population se trouvait, à ce moment, beaucoup plus petite que celle du Canada français, ou Bas-Canada. Tout marcha quelque temps d'une manière satisfaisante; mais, peu à peu, la population du Haut-Canada s'accrut et finit par devenir la plus nombreuse; oubliant alors les avantages qui lui avaient généreusement été faits au début, elle demanda avec véhémence que la représentation des provinces fût basée désormais sur le chiffre de leurs habitants.

Cette prétention, jointe à quelques circonstances de moindre portée, entraîna bientôt la formation de deux partis tranchés dans le Parlement de l'Union : l'un, conservateur, qui a gouverné durant plusieurs années, comprenait la majorité des Canadiens français, unis à la minorité des Canadiens anglais; l'autre, radical, se composait de la majorité des Canadiens anglais et de quelques Canadiens français, que leurs adversaires désignaient sous le nom de « rouges. » Un fait singulier, dans cette répartition des forces, est que les « rouges » qui, généralement, votaient avec les radicaux, restèrent toujours fidèles à leurs frères de langue, en ce qui touche la question de représentation des provinces. L'accord le plus parfait régnait, à cet égard, entre les deux sections de la représentation française.

Il est bon de comprendre cette situation respective des partis, dans le Parlement canadien, pour apprécier les événements qui ont préparé et amené le dénouement actuel.

Quand, en 1861, lord Monck prit le gouvernement général, les conservateurs occupaient le pouvoir depuis plusieurs années; mais ils furent, en 1862, contraints de céder la place aux radicaux, qui venaient d'obtenir contre eux une majorité de trois voix. Le nouveau ministère eut vainement recours à une dissolution; il ne put augmenter sa majorité, et les partis restèrent complètement balancés au sein du Parlement, bien que, dans les provinces, leur inégalité fût plus frappante. Soutenus par cette majorité infime qui, parfois, descendait à une voix, les radicaux se traînèrent péniblement jusqu'à la fin de la session de 1863, sans toutefois parvenir à donner une direction aux affaires; et, quand la session de 1864 commença, ils eurent la bonne grâce de se retirer.

Les conservateurs prirent alors les rênes

du gouvernement, et, après avoir renouvelé aux yeux du pays le spectacle affligeant d'impuissance qui avait fait tomber le précédent ministère, ils durent se retirer à leur tour.

Cette fois, la machine s'arrêta court.

Ainsi, en moins de deux ans, les deux partis s'étaient deux fois succédé aux affaires, sans réussir à former une majorité; la dissolution du Parlement n'avait pas remédié au mal, et rien n'autorisait à présumer que le recours au même moyen pût être plus efficace. En face de cette situation étrange, lord Monck adressa aux hommes modérés un appel énergique qui fut entendu : MM. Cartier et Browne, les deux membres les plus éminents des partis hostiles, tous deux animés du plus loyal désintéressement, répondirent à cet appel par un projet de fédération rapidement élaboré entre eux, et bientôt, à la stupéfaction générale, le Parlement apprit que le parti conservateur français venait de faire, avec le parti radical anglais, une alliance qui promettait satisfaction à tous deux.

Les bases de cette alliance étaient les suivantes :

Toutes les provinces anglaises du Nord-Amérique seraient invitées à s'unir pour former, sous la protection de la Couronne, une fédération avec deux Chambres. Elles auraient, dans la Chambre haute, le même nombre de représentants, et, dans la Chambre basse, un nombre proportionné à leur population respective. Outre ce parlement fédéral, chaque province aurait sa législature locale.

Dans le but de mûrir un plan d'organisation, trois membres du vieux parti radical accepteraient des places dans le cabinet conservateur, et ce ministère mixte s'engagerait à soumettre à la session prochaine la nouvelle Constitution.

Enfin, si le projet de fédération de toutes

les provinces n'aboutissait pas, les deux Canadas l'adopteraient pour eux-mêmes.

Dès le mois d'août, des délégués des provinces s'assemblèrent à Charlotte-town, capitale de l'île du Prince-Edward, pour discuter la question préalable de fédération.

Disposés d'abord à limiter le pacte aux provinces maritimes, ils abandonnèrent cette idée sur les explications du ministère canadien et acceptèrent le projet primitif.

On s'était, paraît-il, attendu à quelques difficultés de la part des Canadiens français, dont cet acte tend à effacer l'individualité; mais leur attitude fut, d'un bout à l'autre de ces négociations préliminaires, empreinte du plus parfait esprit de conciliation.

Le 12 octobre 1864, les délégués se réunirent de nouveau, à Québec, pour examiner en détail le projet dont l'ensemble avait obtenu leur approbation, et ils en adoptèrent, avec une unanimité remarquable, toutes les dispositions.

Il ne manque plus désormais à cet acte que la sanction des législatures provinciales et celle du Parlement britannique, qui ne sauraient lui faire défaut.

Résumons-le en quelques lignes :

Afin d'écarter à l'avenir les luttes d'influence qui ont marqué le passé politique des deux Canadas, les réformateurs ont avec soin évité ce qui ressemblait à de la centralisation. Dans ce but, l'action du Parlement fédéral est limitée aux questions générales des finances, de force militaire et navale et d'administration qui intéressent l'ensemble des provinces; mais celles-ci ont chacune, comme auparavant, leur Parlement propre qui règle les questions d'intérêt local.

Un gouverneur général, nommé par la couronne, sera le chef du pouvoir exécutif. Il gouvernera avec un Parlement composé de deux Chambres : une Chambre haute ou Conseil législatif, une Chambre basse ou des Communes.

La Chambre haute sera de soixante-seize membres, nommés à vie par la couronne, parmi les notables de chaque province. Le Haut-Canada, le Bas-Canada, les trois provinces de New-Brunswick, de Nova-Scotia et de Prince-Edward en auront chacune vingt-quatre; Terre-Neuve, en entrant dans la fédération, en aura quatre.

Les membres de la Chambre des communes seront nommés par les provinces, au prorata de leur population respective, fixée tous les dix ans. Leur nombre sera au début de 194, distribués comme suit :

Haut-Canada.....	82	membres pour	1,586,130	habitants.
Bas-Canada......	65	id.	1,196,949	id.
Nova-Scotia.....	19	id.	349,300	id.
New-Brunswick .	15	id.	272,780	id.
Terre-Neuve.....	8	id.	137,000	id.
Prince-Edward...	5	id.	85,992	id.

Le premier recensement aura lieu en 1871, et la représentation de chaque province sera alors modifiée, en prenant pour base du calcul la représentation du Bas-Canada, fixée invariablement à 65 députés.

La durée du Parlement fédéral sera de cinq ans.

Le Parlement fédéral pourra promulguer des lois pour la paix et la prospérité de la fédération, sans cependant porter jamais atteinte aux droits suprêmes de la couronne. Il connaîtra particulièrement des questions suivantes : Dette et propriété publiques, industrie, commerce, douanes, impôts indirects, emprunts, postes, voies de communication, travaux publics, recensement, défenses, navigation, quarantaines, monnaies, banques, poids et mesures, brevets, affaires indigènes, naturalisation, mariages, lois criminelles, consolidation des lois diverses qui régissent les droits civils dans les provinces, établissement d'une cour générale d'appel, immigration, agriculture, salaire des emplois fédéraux, et généralement toutes les matières qui ne sont pas essentiellement réservées aux législatures locales.

Chaque province aura, pour représenter le pouvoir exécutif, un lieutenant-gouverneur, nommé par le gouverneur général en conseil; elle constituera d'ailleurs à son gré son régime intérieur et sera maîtresse de le changer.

Les Parlements provinciaux connaîtront des questions suivantes : Impôts directs, emprunts locaux, emplois et salaires provinciaux, éducation, vente et régie des terres provinciales, éducation, vente et régie des terres provinciales, pêcheries, prisons et pénitenciers, hôpitaux, asiles, restitutions municipales, travaux, propriété et droits civils, pénalités et justice locales, etc., enfin, tout ce qui n'intéresse que la province elle-même.

Dans les affaires soumises à la fois au Parlement fédéral et aux législatures provinciales, les décisions du premier auront la prépondérance, s'il y a conflit.

Les deux langues pourront être employées dans le Parlement fédéral.

Les décisions du Parlement fédéral seront sujettes au veto de Sa Majesté dans les deux ans qui suivront leur promulgation; celles des Parlements provinciaux, au veto du gouvernement général pendant un an.

Ottawa sera le siége du parlement fédéral; la couronne fixera celui du gouverneur général.

Viennent ensuite plusieurs dispositions relatives à la fusion des dettes provinciales en une dette fédérale.

Telles sont succinctement les bases de la constitution fédérale (1). On est, en les

(1) Ce projet de constitution a été envoyé au gouvernement de la métropole, et le cabinet anglais a déjà fait con-

lisant, frappé des difficultés que pourra présenter, dans la pratique, la démarcation entre l'autorité du parlement fédéral et

---

naître sa réponse. Nous trouvons en effet dans l'*Halifax chronicle* la dépêche suivante :

Downing-street, 3 décembre 1864.

Milord, le gouvernement de Sa Majesté a reçu avec la plus vive satisfaction la dépêche de Votre Seigneurie, en date du 7 du mois dernier, laquelle lui transmet les résolutions adoptées par les représentants des diverses provinces de l'Amérique anglaise du Nord qui étaient réunis à Québec. Avec l'approbation de la couronne, et sur l'invitation du gouverneur général, des hommes de chaque province, choisis sans distinction de parti par les lieutenants-gouverneurs respectifs, se sont assemblés pour délibérer sur des questions du plus haut intérêt pour tous les sujets de la reine résidant en ces provinces, et quelles que soient leur race et leur religion. Ils ont adopté une conclusion destinée à exercer dans l'avenir une extrême influence sur la prospérité générale de ces provinces.

Animés du plus sincère dévouement envers leur souveraine, souhaitant avec ardeur d'assurer à jamais à la postérité les avantages dont ils jouissent comme sujets de la couronne britannique, fermement attachés aux institutions sous lesquelles ils vivent, les représentants ont apporté dans leurs délibérations un esprit de persévérance éclairée et sont arrivés à des conclusions unanimes sur les questions celle des parlements provinciaux. Quelques petits frottements seront inévitables au

---

qui offraient de grosses difficultés, et qui, sous de moins favorables auspices, étaient de nature à faire naître maintes divergences d'opinion. Cela fait infiniment honneur à ceux qui ont pris part à ces délibérations et doit inspirer de la confiance dans les hommes à qui, grâce à leur jugement et à leur caractère, on doit ce résultat. C'est là une mémorable preuve de la salutaire influence exercée par les institutions sous lesquelles se sont développées d'une manière si éclatante ces précieuses qualités. Le gouvernement de Sa Majesté a donné à votre dépêche et aux résolutions de la conférence la plus sérieuse attention. Il les accepte donc comme étant le meilleur projet d'une mesure que doit adopter le parlement impérial afin d'obtenir le résultat qui est le plus à désirer. Il s'agissait de définir avec précision les limites à établir entre l'autorité de la législature centrale et celle des législatures locales dans leurs rapports les unes vis-à-vis des autres.

Au total, il paraît au gouvernement de Sa Majesté qu'on a pris des précautions ayant évidemment pour but d'assurer au gouvernement central des moyens d'action efficaces dans les diverses provinces et de les garantir des pernicieux abus qui naîtraient inévitablement si l'on permettait qu'il existât des doutes à l'égard des limites respectives de l'autorité centrale et de l'autorité locale. On ne saurait trop exagérer l'importance de ce principe. Il est essentiel, pour que le système fonctionne avec ensemble et harmonie, début; mais, quand on réfléchit à l'unanimité que n'ont cessé de montrer toutes

---

tant dans l'administration générale que dans les gouvernements locaux. Il est, à cet égard, un point très-important : c'est la dépense qui peut être nécessitée de part et d'autre. Le gouvernement de Sa Majesté exprime l'espoir que les arrangements qui seront adoptés sur ce sujet ne seront pas de nature à augmenter beaucoup la dépense totale ou à surcharger notablement l'impôt, et à ralentir ainsi l'essor de l'industrie intérieure, ou à imposer de nouvelles charges au commerce du pays. Le second point que le gouvernement de Sa Majesté voudrait voir étudier de nouveau, c'est la constitution du Conseil législatif. Il apprécie les considérations qui ont engagé la conférence à déterminer le mode selon lequel doit être composé ce corps, qui tient une place si considérable dans la constitution de la législature. Mais il lui paraît nécessaire d'examiner de nouveau si, au cas où les membres seront nommés à vie, il y aura des moyens suffisants pour rétablir l'harmonie entre le Conseil législatif et l'Assemblée populaire, si, par malheur, des différences d'opinion trop tranchées viennent à éclater entre ces deux corps. Ces deux points, ayant trait à la prérogative de la couronne et à la constitution de la Chambre haute, ont paru exiger une attention toute spéciale.

Des questions de moindre importance, et relatives à des arrangements de détail, peuvent convenablement être renvoyées à une autre époque, lorsque le bill qu'il s'agit de les parties en faveur de l'œuvre générale, on peut s'attendre à voir les difficultés de détail disparaître.

Cette unanimité, qu'il était à peine per-

---

soumettre au parlement impérial viendra en discussion. Là-dessus, le gouvernement de Sa Majesté ne prévoit pas de graves difficultés, puisque les résolutions paraîtront, en général, assez explicites pour guider ceux qui seront chargés de préparer le bill. Il lui semble donc que, de concert avec les lieutenants-gouverneurs des diverses provinces, vous devriez, dès à présent, prendre des mesures immédiates pour présenter ce projet de la conférence aux législatures respectives; et si, comme je l'espère, vous êtes en état de déclarer dans votre rapport que ces législatures sanctionnent et adoptent le projet, le gouvernement de Sa Majesté vous prêtera son concours, autant qu'il lui sera possible, pour le réaliser. On jugera probablement que le parti le plus convenable à suivre, c'est que, conjointement avec les lieutenants-gouverneurs, vous choisissiez les personnes les mieux placées pour se rendre en Angleterre, qu'elles assistent aux délibérations dans lesquelles le bill sera élaboré, et procurent au gouvernement de Sa Majesté l'avantage de leurs conseils et de leurs lumières sur toutes les questions qui pourront surgir pendant que la mesure sera discutée dans les deux Chambres du parlement.

J'ai l'honneur, etc.

F. CARDWELL.

mis d'espérer à l'origine du mouvement de fédération, reconnaît deux causes principales qu'il est intéressant d'examiner : la première et la plus importante est la conviction, répandue parmi les colons du Nord-Amérique, qu'à moins d'être fortement unis, ils seraient incapables de s'opposer aux violences de leurs turbulents voisins, même avec l'aide de l'Angleterre. N'était la guerre qui divise aujourd'hui l'Union américaine, et qui, à un moment donné, peut conduire les parties aux entreprises les plus folles, les provinces anglaises n'auraient probablement pas senti aussi vivement le besoin de se serrer en faisceau. Aucune combinaison ne pouvait mieux répondre à ce besoin qu'une fédération ; elle indique chez ceux qui la forment une résolution arrêtée de se préparer aux événements, mais sans intention de menaces ou de provocation.

La seconde cause se trouve incontestablement dans les doctrines de libre échange qui triomphent aujourd'hui partout, et que l'Angleterre a propagées dans ses colonies. Chacun connaît l'isolement commercial auquel a jusqu'ici été condamné le Haut-Canada, privé pendant la moitié de l'année de toute communication directe avec l'Océan, et forcé de faire passer ses nombreuses marchandises par les Etats nord de l'Union américaine. Comment, dans de pareilles conditions, sa prospérité, fondée sur l'exportation de matières premières encombrantes, pourrait-elle jamais atteindre à ses dernières limites?

En faisant au Bas-Canada des concessions politiques, le Haut-Canada a donc agi pour le mieux de ses intérêts commerciaux. Ces concessions mettront fin aux étroites susceptibilités qui ont longtemps divisé les deux provinces; elles faciliteront l'achèvement des voies ferrées de l'une à l'autre, et, avec la bonne volonté qui se manifeste partout, les sentiments de nationalité achèveront de se fondre complètement.

C'est là, on ne saurait le nier, un grand changement : il atteste d'une manière éloquente la puissance d'assimilation de l'Angleterre et efface les grands traits d'individualisme que nous nous plaisions, récemment encore, à citer comme témoignage d'attachement du Canada à la France. Nos enfants sont peut-être destinés à voir un jour, dans l'Amérique anglaise, une nation riche et forte, capable de balancer au profit de la civilisation les tendances fâcheuses qui se manifestaient aux Etats-Unis avant la guerre actuelle.

L'aspiration de beaucoup d'Anglais serait que la nouvelle fédération pût être gouvernée à perpétuité par un prince du sang royal. S'il est difficile de dire ce que ces vœux deviendront, on peut, sans se tromper, affirmer que la jeune nation rencontrera, de la part de sa mère, tous les encouragements dont elle aura besoin. Une fois organisée, les questions de défense seront vite résolues, et le gouvernement britannique sera en grande partie dégagé de sa responsabilité actuelle.

Que l'Australie, à son tour, suive l'exemple de l'Amérique anglaise, et la Grande-Bretagne, au lieu de dangers permanents dont, par ses grandes colonies, on la croyait menacée, aura, sur les deux points principaux du globe, deux enfants adultes et vigoureux, prêts à l'aider, sûrs d'être aidés par elle aux heures difficiles, et non moins attachés à leur mère qu'aux jours où ils lui devaient tout.

Vers ces deux grands centres d'attraction se porteront, de toutes les parties du globe, une foule d'émigrants, certains d'y trouver avec une vie facile l'ample rémunération de leur travail. Le surplus toujours croissant de la population du Royaume-Uni y rencontrera un débouché salutaire et y fortifiera les sentiments d'attachement à la couronne.

Ce beau rêve accompli, les ressources de l'Angleterre pourront se verser abondamment sur ses jeunes colonies et sur de nouvelles contrées qui appellent les bras et l'argent : sur l'Afrique orientale et occidentale, où de nombreuses sources de richesses sont ignorées; sur la Colombie anglaise, plus favorisée encore; partout, enfin, où un coin de terre offre quelque appât à l'homme entreprenant. Puis ces nouvelles colonies suivront, à leur tour, l'exemple de leurs aînées; elles voleront de leurs ailes.

Quel sera le résultat de tant d'efforts?

L'épuisement après une incroyable fécondité, ou une splendeur inouïe?

Bien hardi qui oserait répondre à ces questions! Sans vouloir percer le voile qui nous cache un avenir encore si éloigné, il est permis d'admirer sincèrement un peuple assez sûr de lui-même pour oser concevoir d'aussi grandes choses, et une organisation politique assez forte pour en tenter la réalisation.

C. P. — 1865.

QUATRIÈME PARTIE

HISTORIQUE

DE LA CONVENTION PASSÉE, EN 1857, ENTRE LA

FRANCE & L'ANGLETERRE

TOUCHANT

LES DROITS RESPECTIFS DE PÊCHE DES DEUX NATIONS

Sur les côtes de Terre-Neuve et du Labrador

AVANT-PROPOS

Tout le monde connaît de nom les pêcheries de Terre-Neuve, qui donnent de l'occupation à un grand nombre de nos navires de commerce, et sont, pour la flotte, une pépinière de matelots aguerris ; mais beaucoup de gens ignorent encore que cette industrie nationale est, par suite de circonstances politiques contre lesquelles nous ne pouvons rien, menacée de paralysie.

Une convention, passée en 1857 entre les deux gouvernements anglais et français, promettait de lever toutes les difficultés.

Elle n'a pu recevoir son exécution.

Les quelques pages qu'on va lire résument l'historique de cette question délicate.

C. P.

QUATRIÈME PARTIE

HISTORIQUE

DE LA CONVENTION PASSÉE, EN 1857, ENTRE LA FRANCE & L'ANGLETERRE

TOUCHANT

LES DROITS RESPECTIFS DE PÊCHE DES DEUX NATIONS

Sur les côtes de Terre-Neuve et du Labrador

En enlevant aux Français tout droit de souveraineté sur l'île de Terre-Neuve, l'article 13 du traité d'Utrecht leur conserva celui de pêcher et d'user du rivage pour sécher le poisson, depuis le cap Bona-Vista, dans l'est, jusqu'à la pointe Riche, dans l'ouest, en passant par le nord de l'île.

La pratique de ce droit ayant donné lieu à des difficultés sur la côte orientale, où les sujets des deux pays se faisaient concurrence, la France profita de la situation favorable qu'elle avait conquise vis-à-vis de l'Angleterre, dans la guerre de l'Indépendance américaine, pour faire écarter à la paix toute cause future de mésintelligence.

Par l'article 4 du traité de Versailles 1783), elle consentit à renoncer à la pêche et à l'usage du littoral, sur la portion de côtes comprise entre le cap Bona-Vista et le cap Saint-Jean, sous condition de pouvoir étendre ses opérations, sur la côte occidentale, jusqu'au cap Raye; et il fut stipulé, dans le dit article, que cette modification avait pour objet de « *prévenir les querelles qui avaient eu lieu jusque-là entre les deux nations....* »

Ces expressions impliquaient nettement en faveur des sujets français un droit exclusif, le seul susceptible de mettre un terme à la concurrence et, par suite, aux querelles.

Le cabinet britannique, pour éviter l'accusation de condescendance vis-à-vis du nôtre, ne voulut pas se montrer alors plus explicite dans les termes d'un traité public; mais, afin de ne laisser aucun doute sur le sens qu'il attachait à ces termes, il signa, en même temps que le traité, une déclaration secrète, spécifiant que le roi d'Angleterre « .... *donnerait toute l'efficace possible aux principes qui empêcheraient jusqu'au moindre germe de dispute à l'avenir; qu'à cette fin, et pour que les pêcheurs des deux nations ne fissent point naître de querelles journalières, Sa Majesté britannique prendrait les mesures les plus positives pour prévenir que ses sujets ne troublassent en aucune manière, par leur concurrence, la pêche des Français pendant l'exercice temporaire* (1) *qui leur était*

(1) La présence des Français sur la côte de Terre-Neuve, pour leurs opérations, n'est admise que d'avril à octobre, période ordinaire de la pêche. Leur droit est un usufruit.

accordé sur les côtes de Terre-Neuve, et ferait retirer, à cet effet, les établissements sédentaires qui y seraient formés. »

Ce texte était clair et formel ; il nous reconnaissait l'usage exclusif de la pêche et du rivage pendant la saison d'été, sur toute l'étendue des côtes mentionnées.

Il y a sans doute quelque chose d'étrange à voir une nation se dessaisir de son droit sur un littoral qu'elle possède souverainement, et y tolérer, plusieurs mois chaque année, des étrangers en maîtres. Mais cette anomalie est plus de forme que de fonds : En 1783, l'île de Terre-Neuve comptait à peine quelques milliers d'habitants et ne semblait pas appelée à d'autres destinées qu'à servir, comme dans le passé, de lieu momentané de relâche à de hardis pêcheurs. L'admission périodique, sur certains points, de sujets français, à l'exclusion des sujets anglais, n'avait donc d'autre but que d'empêcher des collisions et ne portait nul préjudice à l'industrie britannique, qui s'était largement réservé les meilleurs parages.

Plus tard, le développement des pêches et l'augmentation de la population de Terre-Neuve apprirent aux Anglais qu'ils s'étaient lié les mains, et le moment devait bientôt venir où, par tous les moyens, ils chercheraient à éluder la lettre du traité de Versailles. Cependant les traités postérieurs, jusques et y compris ceux de 1815, confirmèrent purement et simplement les stipulations qui précèdent; et quand, après la grande paix, nos armements pour la côte de Terre-Neuve purent recommencer, nous nous mîmes en devoir de revendiquer nos priviléges.

Mais la guerre qui finissait avait, pendant plusieurs années, laissé les pêcheurs anglais maîtres sans conteste des anciennes eaux françaises et de tout le littoral correspondant, et il leur en coûtait d'y renoncer. Des contestations s'ensuivirent, puis des échanges de notes, dans lesquelles le gouvernement britannique ou ses agents donnèrent raison tantôt à une partie, tantôt à l'autre.

Quoi qu'il en soit, notre cause triompha à la côte orientale, où nos intérêts, sérieusement engagés, nous commandaient la vigilance, tandis que, sur la côte occidentale, où ces intérêts étaient moins directs, nous fermâmes les yeux sur les empiètements des Anglais, qui, de leur côté, par une sorte d'accord tacite, nous laissèrent pêcher à la côte du Labrador. En fin de compte, des établissements furent formés par les habitants de Terre-Neuve, sur divers points du littoral, dont l'usage n'appartenait qu'à nous, notamment dans la baie de Saint-Georges, et leurs opérations de pêche s'y développèrent sur une large échelle, à l'ombre de notre tolérance.

Pas plus aujourd'hui qu'autrefois, il faut le dire, la jouissance exclusive de la pêche et du rivage, sur la côte ouest de Terre-Neuve, n'est indispensable au succès de nos opérations; aussi n'aurions-nous fait nulle difficulté de continuer à y souffrir la concurrence des Anglais, si, comme par le passé, nous avions, en retour, été soufferts par eux, au Labrador, où nous ne les gênions pas. Mais du jour où, croyant avoir établi leur position sur la côte ouest, assez solidement pour n'avoir plus à craindre nos protestations, ils voulurent ajouter à cette usurpation notre expulsion de la côte du Labrador, sous prétexte que les traités nous en interdisaient la fréquentation, nous invoquâmes, de notre côté, ces mêmes traités et résolûmes d'exercer notre droit exclusif, aussi imprescriptible à la côte occidentale, où il était attaqué, qu'à la côte orientale, où il était dès longtemps reconnu.

La représaille allait droit au but, car si

nos bâtiments ont besoin de pouvoir rallier la côte du Labrador, où la morue se porte vers la fin de la saison de pêche, les bâtiments anglais sont, de leur côté, forcés de hanter la côte ouest de Terre-Neuve, où le poisson paraît au commencement de cette même saison.

Les deux sources sont complémentaires l'une de l'autre.

Des négociations furent entamées, à diverses reprises, sans amener de résultats; puis nous prîmes des mesures de rigueur, contre lesquelles le cabinet de Londres protesta, et, enfin, l'alliance intime des deux pays, dans la guerre d'Orient, amena, dans la pratique, le retour des anciennes concessions réciproques.

Sur ces entrefaites, en 1854, l'Angleterre accorda aux Etat-Unis, par un traité, le droit de pêcher sur la côte occidentale de Terre-Neuve. C'était une violation flagrante des traités avec la France; car, en supposant que, par une fausse interprétation de ces traités, les Anglais se crussent autorisés à pêcher en commun avec nous dans ces parages, ils ne pouvaient, sans notre assentiment, y appeler un tiers.

Le gouvernement britannique ne tarda pas à sentir l'illégalité d'une semblable situation, et, pour la régulariser autant au moins que pour faire acte de courtoisie vis-à-vis du gouvernement de l'Empereur, il fut le premier à lui proposer de vider la question des pêcheries, pendante depuis longues années entre les deux nations.

Deux négociateurs furent nommés : pour la France, M. le capitaine de frégate Pigeard; pour l'Angleterre, M. Merivale, sous-secrétaire d'Etat des colonies, que ses importants travaux d'économiste désignaient particulièrement à ce choix. La tâche de ces agents était, avant tout, de discuter et de préciser le sens des anciens traités, et, une fois d'accord sur ce point capital, d'aviser à convertir en droit, par une balance équitable, les tolérances réciproques antérieures.

Après quelques conférences, le négociateur anglais admit en principe le droit de pêche sans concurrence, revendiqué par les Français, sous la réserve, toutefois, que ce droit ne pouvait prétendre le respect qu'autant qu'il s'exerçât réellement par un nombre quelconque de bateaux pêcheurs. La distinction était sans importance. Du moment que ce point essentiel était reconnu, l'admission des Anglais sur la côte ouest de Terre-Neuve pouvait balancer celle des pêcheurs français sur la côte du Labrador; nous fermions les yeux sur l'intrusion des Américains, et tout se régularisait.

De là, la convention de 1857, dont le fonds peut se résumer ainsi :

1° Reconnaissance du droit exclusif des

Français à pêcher et à user du littoral sur toute l'étendue de leur circonscription ;

2° Reconnaissance explicite des usurpations commises jusque-là par les pêcheurs anglais aux environs de Saint-Georges et implicite de la concession faite illégalement par l'Angleterre aux Etats-Unis, en échange du droit accordé aux sujets français de pêcher à Belle-Ile-du-Détroit et sur la côte du Labrador, où ceux des Etats-Unis étaient admis.

La discussion de ces points ne regardant que les deux gouvernements, seuls juges de la portée d'actes internationaux antérieurs à la constitution d'une législature provinciale à Terre-Neuve, le cabinet britannique n'avait pas à appeler dans les négociations le concours de sa colonie.

Réduite aux deux clauses qui précèdent, la convention mettait fin aux principales difficultés antérieures, et, si elle n'en eût pas stipulé d'autres, toutes les récriminations de la législature locale de Terre-Neuve eussent été impuissantes à en empêcher l'application. Mais quelques points secondaires, non prévus par les traités, semblèrent naturellement pouvoir y trouver place, et le gouvernement français désirait qu'ils fussent réglés.

Le cabinet de Londres, bien aise d'avoir trouvé une issue à sa fausse position vis-à-vis des Etats-Unis, et frappé d'ailleurs des avantages sérieux acquis à ses nationaux par le fonds de l'acte, ne crut pas pouvoir douter de l'adhésion de sa colonie à quelques détails de forme.

Ces détails furent donc examinés et réglés :

L'article 5 nous donna le droit d'acheter sans entraves, sur la côte sud de l'ile, l'appât nécessaire à nos opérations, et de le pêcher si l'achat venait à donner des résultats insuffisants.

L'article 7 étendit notre droit de pêche

dans les rivières jusqu'à la limite de la salure des eaux.

Ces deux articles, portant sur des avantages passés sous silence jusque-là dans les traités, étaient de la compétence de la législature locale, et, par respect pour les formes parlementaires de la colonie, il fut, sur la demande du négociateur anglais, stipulé, par l'article 20, que la convention « *prendrait son effet après que les lois nécessaires pour la mettre en pratique auraient été votées par le Parlement impérial de la Grande-Bretagne et par la législature provinciale de Terre-Neuve.* »

L'acte, ainsi libellé par les négociateurs susnommés, fut signé : pour la France, par M. le comte de Persigny, ambassadeur de Sa Majesté à Londres; pour l'Angleterre, par le comte de Clarendon, ministre des affaires étrangères, et par M. de Labouchère, ministre des colonies; et les ratifications souveraines en furent échangées dans le courant de janvier 1857.

Il paraissait si peu probable que rien pût entraver la mise en pratique d'une convention ratifiée en si haut lieu, que, malgré l'avis fourni au gouvernement français, par son négociateur, le capitaine de frégate Pigeard, d'une opposition ourdie à Terre-Neuve, l'acte fut publié au *Moniteur*.

Mais la colonie, excitée, en effet, de longue main, par des meneurs influents, à repousser un arrangement, quel qu'il fût, ne tint aucun compte des embarras que sa métropole avait cherché à faire disparaître en traitant. Terre-à-terre avec ses intérêts de localité, elle ne vit, ou plutôt ne feignit de voir dans la convention que les concessions faites à nos pêcheurs, et traita d'insignifiantes celles qui étaient accordées aux siens en retour. Arguant de la tolérance dont nous avions jusque-là usé envers elle sur la côte ouest comme d'un droit reconnu, elle se prétendit sacrifiée par notre admission à la côte du Labrador, et, se fondant sur l'article 20, rejeta la convention en bloc, sous prétexte :

1° Que notre droit exclusif était contestable ;

2° Que notre admission à la côte du Labrador ferait un tort irréparable à ses opérations ;

3° Que le privilége de pêcher nous-mêmes l'appât, dans certaines éventualités, ruinerait un grand nombre de familles anglaises du sud de l'île;

4° Enfin, que notre présence dans les rivières jusqu'à la limite de la salure des eaux, détruirait les saumoneries exploitées par les habitants du littoral.

De ces divers motifs d'opposition, les deux premiers étaient inadmissibles, parce qu'ils sont tirés des articles 1, 2 et 3, dont la rédaction, comme je l'ai indiqué en commençant, était exclusivement de la compétence du gouvernement britannique, et parce que l'article 20 n'entendait appeler de la part de la colonie que des votes de lois d'intérêt local, tels qu'en comportent les articles 5 et 7.

Quoi qu'il en soit, la convention n'ayant pas stipulé explicitement de distinction entre ses diverses parties, le refus de la colonie entraînait le rejet matériel de l'acte. Le gouvernement britannique sentit l'affront et le subit, ne se souciant pas, au moment où les questions de l'Inde et de la Chine lui tombaient sur les bras, de braver un nouvel orage, que n'aurait pas manqué de lui susciter l'opposition dans le Parlement impérial.

Mais un grand fait restait désormais acquis et au-dessus de toutes les attaques de l'intérêt privé : l'Angleterre, par l'organe de ses hommes d'Etat, avait admis comme fondée l'interprétation donnée par nous aux anciens traités, et reconnu le caractère exclusif de notre droit à la pêche ainsi qu'à l'usage du littoral sur toutes les côtes de notre circonscription.

Il est vrai que, sans de nouvelles négociations, la convention de 1857 ne peut être désormais appliquée dans son ensemble; mais il est certain, en même temps, que rien dans l'avenir ne peut infirmer la valeur morale des engagements personnels que le gouvernement britannique a pris vis-à-vis du nôtre, dans la partie essentielle de cet acte.

Que la question de principe soit soumise à un arbitre, un jour ou l'autre, et la valeur si peu contestable, d'ailleurs, de la déclaration annexée au traité de 1783 se fortifiera, quoi qu'on puisse faire, de la doctrine consacrée dans ladite convention par les négociateurs anglais. La concession indûment faite aux Etats-Unis sera nulle de plein droit, notre cause sera gagnée devant l'Europe, et toutes les dénégations de la colonie de Terre-Neuve ne l'empêcheront pas de courber la tête. Les points secondaires, qui dépendent d'elle seule, ne seront sans doute pas vidés pour cela ; mais qu'importe? Nous en faisons bon marché dès maintenant; nos intérêts sérieux ne sont pas dans ces détails.

En attendant, la situation est nettement tracée : à moins de douter de la loyauté du gouvernement britannique, nous savons que les difficultés viennent de la colonie et non de lui. Forts de cette assurance, qui s'appuie sur un acte considérable, pratiquons notre droit exclusif tel qu'il a été reconnu, et attendons patiemment que la législature provinciale, mieux éclairée sur les intérêts de ses commettants, renonce à un système d'opposition dont les conséquences lui seront sûrement, à la longue, plus préjudiciables qu'à nous.

Je joins ici, pour mieux éclairer cette intéressante question, le texte français de la convention.

C. P. — 1857.

CONVENTION *de Janvier* 1857, *entre la France et l'Angleterre, touchant les droits respectifs de pêche des deux nations sur les côtes de Terre-Neuve et sur les côtes avoisinantes;*

Négociée « *ad referendum* » par MM. Charles Pigeard, capitaine de frégate de la marine impériale, et Hermann Merivale, sous-secrétaire d'Etat des colonies de Sa Majesté britannique;

Adoptée, pour la France, par M. le comte de Persigny, ambassadeur près de Sa Majesté britannique; pour l'Angleterre, par M. le comte de Clarendon, ministre des affaires étrangères, et M. Henri Labouchère, ministre des colonies;

Ratifiée par LL. MM. l'Empereur Napoléon III et la Reine Victoria, — en Janvier 1857.

ARTICLE I

Les sujets français auront le droit exclusif de pêcher et de se servir du rivage pour les besoins de leur pêche, pendant la saison spécifiée ailleurs (article VIII), sur la côte orientale de Terre-Neuve, depuis le cap Saint-Jean jusqu'aux îles Quirpon. Ils auront aussi le droit de pêcher et de se servir du rivage pour les besoins de leur pêche pendant ladite saison, à l'exclusion des sujets anglais, sur la côte septentrionale de Terre-Neuve, depuis les îles Quirpon jusqu'au cap Normand, et, sur la côte occidentale, dans et sur les cinq havres de pêche de Port-au-Choix, Petit-Havre ou Petit-Port, Port-à-Port, l'île Rouge et l'île Cod-Roy. Ces droits de pêche exclusive s'étendront, entre les îles Quirpon et le cap Normand, jusqu'à une distance de trois milles marins dans le nord vrai de la ligne droite qui joint le cap Normand au cap Bauld, et, pour les cinq havres, jusqu'à trois mille marins dans toutes les directions, à partir du centre de chacun d'eux; toutefois, les commissaires ou arbitres désignés dans une autre partie de cette convention pourront, pour chaque havre, modifier lesdites limites selon la pratique existante.

ARTICLE II

Les sujets anglais auront le droit, concurremment avec les sujets français, de pêcher sur la côte occidentale de Terre-Neuve, depuis le cap Normand jusqu'au cap Raye, excepté sur les cinq points ci-dessus mentionnés; mais les sujets français auront l'usage exclusif du rivage pour les besoins de leur pêche pendant ladite saison, depuis le cap Normand jusqu'à la pointe

Rock, dans la baie des Iles (au nord de la rivière Humber), par 49° 5' de latitude environ, en outre du rivage des havres réservés.

ARTICLE III

Les sujets français auront le droit, concurremment avec les sujets anglais, de pêcher sur les côtes du Labrador, depuis Blanc-Sablon jusqu'au cap Charles et sur celles de Belle-Ile du nord. Ils auront la faculté de sécher ou préparer le poisson sur toute partie des côtes de Belle-Ile non occupée au moment où cette convention deviendra effective. Toutefois, le gouvernement britannique garde le droit d'élever sur ces points des constructions militaires ou publiques; et, si quelqu'établissement, ayant pour objet une habitation permanente, vient à être fondé ultérieurement sur une partie quelconque des côtes de l'île, le droit des sujets français à sécher et préparer le poisson à cet endroit cessera, moyennant que le commandant de la station française ait été prévenu, une saison d'avance, de cet établissement.

Ledit droit de pêche en concurrence des sujets français s'arrêtera aux embouchures ou issues des rivières et criques : la position de chaque embouchure ou issue sera déterminée, comme il est spécifié dans une autre partie de cette convention, par les commissaires ou arbitre.

ARTICLE IV

Depuis la pointe Rock, dans la baie des Iles, jusqu'au cap Raye, la Grande-Bretagne aura exclusivement et sans restriction l'usage du rivage, excepté sur les points mentionnés en l'article I, et dans les limites de terre assignées à ces points (article X).

ARTICLE V

Les sujets français auront le droit d'acheter l'appât, hareng et capelan, sur toute la côte sud de Terre-Neuve, en y comprenant à cet effet les îles françaises de Saint-Pierre et Miquelon, en mer ou à terre, sur le même pied que les sujets anglais, sans que la Grande-Bretagne ou la colonie puisse imposer aux sujets anglais aucune restriction dans la pratique de cette pêche, non plus qu'imposer aux sujets anglais ou français aucun droit ou restriction, à l'occasion de cette transaction, ou sur l'exportation dudit appât.

Si des circonstances quelconques venaient à restreindre d'une manière notoire, et préalablement constatée à la satisfaction des commandants des stations anglaise et française, pendant deux saisons, consécutives ou non, ledit approvisionnement par voie d'achat, les sujets français auraient le droit de pêcher l'appât sur la partie de la côte sud de Terre-Neuve, comprise entre le cap Saint-Mary et le cap La Hune, durant les saisons de pêche française; ils ne pourraient, dans ce cas, faire usage d'aucun autre filet que ceux employés pour ce genre de pêche, et leur droit cesserait aussitôt que les causes de déficit dans l'approvisionnement par achat auraient disparu.

ARTICLE VI

Les limites latérales de mer des droits de pêche français seront les suivantes :

Au cap Raye, une ligne droite menée dans l'ouest-sud-ouest vrai;

Au cap Normand, une ligne droite menée dans le nord vrai;

Au cap Saint-Jean, selon qu'il en sera

décidé par les commissaires ou arbitre, sur la base de l'accord et de la pratique actuels ;

Au cap Charles, une ligne droite menée dans l'est vrai ;

Au Blanc-Sablon, une ligne aussi perpendiculaire à la direction générale de la côte que pourront la déterminer les commissaires ou arbitre.

ARTICLE VII

Depuis le cap Saint-Jean jusqu'à la pointe Rock, dans la baie des Iles, le droit de pêche français s'étendra, dans l'intérieur de toutes les rivières et criques, aussi loin que la salure des eaux. Depuis la pointe Rock jusqu'au cap Raye, ce droit sera limité à un demi-mille marin au-dessus de l'embouchure ou issue de chaque rivière ou crique.

Le point-limite pour chaque rivière ou crique, depuis le cap Saint-Jean jusqu'à la pointe Rock, et depuis la pointe Rock jusqu'au cap Raye, sera déterminé, comme il est spécifié ailleurs, par les commissaires ou arbitre.

ARTICLE VIII

La saison de pêche française sur les côtes de Terre-Neuve, du Labrador et de Belle-Ile du nord, s'étendra du cinq avril au cinq octobre.

ARTICLE IX

Les officiers de marine du gouvernement français seront fondés à mettre en vigueur les droits exclusifs de pêche des sujets français, tels qu'ils sont définis par l'article I, en expulsant les navires ou bateaux qui tenteraient de pêcher en concurrence, toutes les fois qu'il n'y aura pas, dans un rayon de cinq milles marins, de croiseur anglais en vue, ou dont la présence ait été notifiée.

ARTICLE X

Le rivage réservé à l'usage exclusif des Français pour les besoins de leur pêche s'étendra jusqu'à un tiers de mille anglais dans l'intérieur à partir de la marque de haute mer, entre la pointe Rock et Bonne-Baie inclusivement, ainsi que sur les quatre havres réservés situés au sud de Bonne-Baie; entre Bonne-Baie et le cap Saint-Jean, il s'étendra jusqu'à un demi-mille anglais à partir de la marque de haute mer.

Les limites latérales de terre des havres réservés seront déterminées par les commissaires ou arbitre, conformément aux usages de la pratique existante.

A la rencontre des bords des rivières et criques, le rivage sera limité latéralement par les lignes droites menées perpendiculairement à la direction desdites rivières ou criques, dans l'endroit où cesse le droit de pêche des Français; cette limite sera déterminée pour chaque rivière ou crique, comme il est spécifié ailleurs, par les commissaires ou arbitre.

ARTICLE XI

Aucun enclos ou construction anglais ne pourra être fait ni maintenu sur le rivage réservé exclusivement aux Français, si ce n'est pour besoins de défense militaire ou d'administration publique, auquel cas un avis en due forme de l'intention d'élever ces ouvrages sera préalablement donné au gouvernement français. Si cependant, à la date de la présente convention, il existait sur ledit rivage des constructions ou enclos occupés depuis cinq saisons, sans objection de la part du gouvernement français, ils ne pourraient être déplacés sans qu'une indemnité équitable, concertée entre les commandants en chef des stations anglaise et française, ou leurs délégués respectifs, fût accordée aux propriétaires par le gouvernement français.

Les officiers de la marine française, ou autres délégués dûment nommés à cet effet par le commandant en chef de la station française, seront fondés à prendre telles mesures que les circonstances exigeront pour mettre les pêcheurs français en possession de toute partie du rivage, dont l'usage leur est exclusivement reconnu par cette convention pour les besoins de la pêche, toutes les fois qu'il n'y aura pas d'établissement de police anglais, de croiseur, ou d'autre autorité reconnue dans un rayon de cinq milles anglais.

Ces mesures comprennent le droit de déplacer les constructions ou enclos, conformément aux stipulations qui précèdent, pourvu qu'un avis de l'intention d'effectuer ces déplacements ait été donné quinze jours d'avance à toute autorité anglaise désignée ci-dessus, s'il en est connue d'établie dans un rayon de vingt milles anglais. S'il n'existe pas d'autorité anglaise dans ces limites, le commandant en chef de la station française informera, par la plus prochaine occasion, le commandant en chef de la station anglaise des déplacements qui auront pu être opérés.

ARTICLE XII

Aucun enclos ou construction français ne pourra être fait, ni maintenu, pour besoins de pêche ou autres, entre le cap Saint-Jean et la pointe Rock, en dehors des limites reconnues par cette convention comme celles du droit des Français sur le rivage. Il sera légal de la part du gouvernement britannique ou colonial de déplacer tout ouvrage ou construction élevé en dehors desdites limites par les sujets français, pourvu qu'un avis de l'intention d'effectuer ces déplacements ait été donné quinze jours d'avance aux croiseurs français, ou à toute autre autorité préposée à cet effet par le commandant en chef de la station française, s'il en est connu d'existante dans un rayon de vingt milles anglais. S'il n'y a pas d'autorité française dans ces limites, celui des deux gouvernements (britannique ou colonial) qui aura opéré ces déplacements, en informera par la plus prochaine occasion le commandant en chef de la station française.

Si cependant, à la date de la présente convention, il existait en dehors du rivage des constructions ou enclos occupés depuis cinq saisons, sans objection de la part du gouvernement britannique, ils ne pourraient être déplacés sans qu'une indemnité équitable, concertée entre les commandants des stations anglaise et française, ou leurs délégués respectifs, fût accordée aux propriétaires par le gouvernement britannique.

ARTICLE XIII

Si une construction ou un ouvrage quelconque, anglais ou français, élevé en opposition avec les stipulations de la présente convention, est, à quelque époque que ce soit, resté occupé, sans objection de la part du gouvernement français ou anglais respectivement, pendant une période de cinq saisons, ledit ouvrage ou construction ne pourra être déplacé avant un terme de six mois après notification à l'occupant.

ARTICLE XIV

Le gouvernement britannique donnera les ordres les plus positifs pour empêcher qu'il ne soit fait aucun dommage aux bateaux et établissements de pêche français pendant l'hiver; et afin de rendre plus facile l'appréhension des délinquants, le gouvernement français pourra employer à la garde desdits bateaux et établissements, en été ou en hiver, des sujets anglais ou français, à raison de trois au plus par mille de côte. Ces gardiens seront à tous égards soumis à la loi locale de Terre-Neuve.

ARTICLE XV

Les sujets français auront la faculté de se servir de tels matériaux et instruments qu'ils jugeront convenables pour leurs établissements de pêche sur le rivage réservé dans ce but, comme il a été dit, à leur usage exclusif. Ces établissements et instruments devront être construits et employés uniquement pour sécher, préparer ou manipuler le poisson d'une façon quelconque.

ARTICLE XVI

Le privilége des sujets français de couper des bois pour la réparation de leurs établisblissements de pêche et navires pêcheurs pourra s'exercer entre le cap Saint-Jean et la pointe Rock, aussi loin qu'il sera jugé nécessaire, mais pas sur les terrains particuliers sans le consentement de l'occupant.

En ce qui regarde les quatre havres réservés compris entre la pointe Rock et le cap Raye, le même privilége s'exercera sur la grande terre ou ailleurs, dans un rayon de trois milles marins autour du centre de chaque havre : ce centre sera déterminé par les commissaires ou arbitres, comme il est ailleurs spécifié.

ARTICLE XVII

Les stipulations de la présente convention s'appliqueront aux îles adjacentes aux côtes mentionnées, aussi bien qu'aux côtes elles-mêmes, excepté sur les points où il en est disposé autrement. Les îles de Groais et de Belle-Ile du Sud seront considérées comme adjacentes à la côte la plus voisine.

ARTICLE XVIII

Afin de régler les divers points laissés par cette convention à la décision de commissaires ou arbitre, et lorsque les lois nécessaires pour rendre la convention effective auront été votées par le Parlement impérial de la Grande-Bretagne et par la législature provinciale de Terre-Neuve, chacun des gouvernements devra, sur la demande de l'autre, désigner un commissaire, pour entrer immédiatement en fonctions.

Dans tous les cas où une divergence d'opinion pourra se produire entre les commissaires, ils désigneront une personne tierce pour prononcer à titre d'arbitre. S'ils ne tombent pas d'accord sur le choix de cette personne, chacun des commissaires en nommera une, et celle des deux que le sort désignera sera l'arbitre. En cas de mort, d'absence ou d'incapacité de l'un des commissaires ou de l'arbitre, ou si l'un d'eux omet, refuse ou cesse d'agir en sa qualité de commissaire ou d'arbitre, une autre personne sera nommée selon la forme indiquée ci-dessus pour agir en cette qualité, à la place de celui désigné antérieurement.

Dans le but de prévenir des collisions, les dits commissaires ou arbitre dresseront des règlements pour l'exercice des droits de pêche en concurrence attribués aux parties de cette convention. Ces règlements devront être approuvés par les gouvernements respectifs, et mis en vigueur provisoirement, en attendant cette approbation;

mais ils pourront être révisés avec le consentement des deux gouvernements.

ARTICLE XIX

Toutes les stipulations des traités antérieurs restent en vigueur en ce qui n'est pas annulé ou modifié par la présente convention.

ARTICLE XX

La présente convention sera mise en pratique aussitôt que les lois nécessaires pour la rendre effective auront été votées par le Parlement impérial de la Grande-Bretagne, et par la Législature provinciale de Terre-Neuve; et Sa Majesté Britannique s'engage, par la présente convention, à user de tous ses efforts, afin de procurer le vote desdites lois en temps convenable pour mettre ladite convention en pratique le 1er janvier 1858, ou auparavant.

ARTICLE XXI

La présente convention sera ratifiée, et les ratifications en seront échangées à Londres, dans le délai de quinze jours, ou plus tôt si faire se peut.

En foi de quoi, les plénipotentiaires sus-désignés l'ont signée et y ont apposé le cachet de leurs armes.

CINQUIÈME PARTIE

DE LA SITUATION
DES RESSOURCES CARBONIFÈRES
DE LA GRANDE-BRETAGNE (1867)

DE LA SITUATION

DES RESSOURCES CARBONIFÈRES

DE LA GRANDE-BRETAGNE (1867)

La presse anglaise a, depuis quelques années, prêté une attention soutenue aux débats que soulève la condition des gisements carbonifères du Royaume-Uni, et mis fréquemment l'opinion publique en garde contre les dangers qu'entraînerait l'exploitation immodérée des mines, telle qu'elle se pratique aujourd'hui. Cette sollicitude, excitée par des hommes dont l'expérience fait autorité en semblable matière, a gagné les classes éclairées de la population, et, avant de se séparer, le Parlement s'est vu récemment contraint de prescrire une enquête sur cette importante question.

A une époque comme la nôtre, où la solution des problèmes économiques est d'une importance vitale; où, sous peine de déchéance, chaque nation est tenue de ménager prudemment les ressources naturelles de son sol, il était difficile que le peuple anglais différât longtemps l'examen des périls dont, à tort ou à raison, on le menaçait. Quelle autre matière première, en effet, a pour lui la valeur du charbon de terre? ce combustible précieux que la nature lui a prodigué d'une main si libérale et qui, sous un volume restreint, possède une si grande puissance de production; qui, par la vapeur, centuple sans effort le travail de l'homme et en porte les fruits à tous les points du globe; qui transforme à bas prix les abondants minéraux de l'Angleterre et les fait entrer dans les moindres, comme dans les plus importants usages de la vie; qui est, en un mot, le plus puissant agent de la vie nationale, l'instrument auquel nos voisins doivent, avant tous les autres, leur imposante prospérité?

Que cet auxiliaire vînt à leur faire notablement défaut, et cette prospérité serait bientôt atteinte dans sa racine.

Mais, ne le perdons pas de vue, le jour où les mines opulentes qui dispensent à une partie de la vieille Europe ses moyens de travail, mesureraient parcimonieusement leurs fruits aux manufacturiers anglais, elles auraient dès longtemps été fermées aux concurrents étrangers. La question n'est donc pas sérieuse seulement pour l'Angleterre; elle intéresse plusieurs nations qui lui demandent ses houilles, et mérite à ce titre l'attention générale.

Quelques personnes pensent que l'huile de pétrole remplacera avantageusement, en partie, le charbon de terre dans les usines. C'est possible! mais cette huile durera-t-elle assez longtemps pour dissiper toutes les craintes? Sa provenance lointaine ne suffira-t-elle pas à la rendre très-dispendieuse, si la houille d'Europe cesse de lui faire concurrence?

Ceux qui ont réponse à tout affirment qu'avant l'épuisement de tant de richesses, on trouvera dans les forces latentes de la nature un autre agent inépuisable qui sera à la portée de tous les peuples, et qu'alors le génie propre de chacun sera le seul instrument de sa supériorité industrielle.

Loin de nous la pensée de mettre en doute les forces de notre époque! Ce qu'elle réalise est le gage de ce qu'elle réalisera. Chaque conquête de l'esprit humain, en aplanissant des difficultés présentes, amoindrit celles de l'avenir, et nul n'oserait dire que l'étincelle qui fait aujourd'hui vivre d'une même pensée les antipodes, qui déjà suffit à faire mouvoir de petites machines, ne deviendra pas quelque jour l'instrument docile des volontés de l'homme.

Si pareille découverte avait jamais lieu, la supériorité manufacturière des Anglais serait assurément compromise; mais, en l'attendant, la plus simple prévoyance commande de ne pas spéculer sur des espérances. Il y a malheureusement quelques indices que certains gisements du Royaume-Uni se sont appauvris, et il importe à la plupart des nations industrielles de l'Europe de s'en préoccuper.

Si nous prenons la crise actuelle à son origine, nous voyons, dès la fin du siècle dernier, un naturaliste qui écrivait l'histoire du règne minéral de l'Angleterre, John William, manifester des inquiétudes sur la durée des mines de charbon et exprimer même des craintes sérieuses pour l'avenir du pays. La consommation s'élevait à peine alors cependant au dixième de ce qu'elle est aujourd'hui, et la vapeur n'était pas encore le principal instrument de travail. Comment se fût-on alarmé? De nouveaux dépôts se découvraient chaque jour, les procédés d'extraction se perfectionnaient et tout semblait démentir les fâcheux pronostics de John William.

Depuis lors, quelques voix se firent entendre à intervalles, rappelant, avec plus ou moins d'autorité, les craintes de ce dernier, mais elles furent bientôt étouffées par cette indifférence de l'avenir si ordinaire à un présent fortuné.

Ainsi passèrent inaperçus plusieurs avertissements, jusqu'à ce que, en 1850, la question recommença à s'emparer de l'attention publique. On voulut essayer de se rendre compte de la situation, et chacun présenta ses calculs. Raisonnant sur des données vagues encore, mais certainement plus complètes que celles de leurs devanciers, quelques hommes de savoir et d'expérience allèrent jusqu'à évaluer la durée des richesses carbonifères. Leur exemple se propagea aux hommes politiques, et bientôt le

Parlement retentit de présages tour à tour optimistes et décourageants.

Résumons les principales opinions émises :

Sir William Armstrong, l'éminent ingénieur dont les usines sont situées au centre d'un des plus riches gisements de l'Angleterre, croit que deux siècles suffiront, au train de la consommation actuelle, pour rendre le charbon d'une grande rareté.

M. Taylor, dans son ouvrage *Statistic of Coal*, estime, au contraire, les ressources d'aujourd'hui suffisantes à une exploitation continue de dix-sept siècles, et, se fondant sur la probabilité que de nouveaux gisements seront découverts, il traite de prévoyance sans objet les préoccupations générales.

M. E. Hull, du département géologique central, dans une étude très-approfondie du sujet, arrive sensiblement aux mêmes conclusions que sir William Armstrong.

Enfin, M. Hussey Vivian, membre du Parlement pour le comté de Galles, affirme que la Galles du Sud contient à elle seule assez de combustible pour suffire, durant cinq cents ans, à tous les besoins industriels, commerciaux et domestiques de l'Angleterre.

Si ces appréciations des hommes pratiques sont contradictoires, celles tirées par les savants de leurs observations géologiques ne cadrent pas davantage; c'est vainement qu'on poursuit entre elles une concordance. A quoi s'arrêter? Que croire? Faut-il s'étonner que, soutenue et combattue par de pareilles supputations, la question ait tour à tour revêtu pour bien des gens le caractère d'une plaisanterie ou d'une panique?

S'il est un enseignement qu'on puisse,

sans hésiter, tirer de cet état de choses, c'est l'opportunité de l'exploration prescrite par le gouvernement et la nécessité d'une enquête rigoureuse sur toutes les questions relatives, tant à l'exploitation des mines qu'à l'emploi du charbon. Là où les propriétaires crient « abondance », l'observateur consciencieux lira peut-être « épuisement »; là où on pousse des cris d'alarme, des sondages attentifs révèleront peut-être des richesses ignorées. La vérité ne sortira que d'investigations complètement désintéressées.

Quoi qu'il en soit de l'état réel des choses, nous nous abstiendrons de reproduire ici les diverses estimations auxquelles se sont livrés les industriels et les savants. Ce sont des documents spéculatifs où l'on cherche, sans les découvrir, des rapprochements satisfaisants. En revanche, on parcourra avec intérêt les relevés ci-après, fournis par le département géologique, des quantités de charbon extraites, exportées et consommées en Angleterre de 1854 à 1865 :

CHARBON EXTRAIT DES MINES (EN TONNEAUX)

Années	Angleterre	Galles	Écosse	Irlande	Total
1854	47.421.631	9.643.000	7.448.000	148.750	64.661.401
1855	47.305.189	9.677.270	7.325.000	145.620	64.453.079
1856	49.043.215	9.965.600	7.500.000	136.635	66.645.450
1857	48.883.800	8.178.804	8.211.473	120.630	65.394.707
1858	47.443.861	8.517.789	8.926.249	120.750	65.008.649
1859	55.297.115	9.262.350	10.300.000	120.300	71.979.765
1860	61.071.460	8.005.313	10.900.500	119.425	80.042.698
1861	63.870.123	8.561.021	11.081.000	123.070	83.635 214
1862	62.025.383	8.409.455	11.076.000	127.500	81.638.338
1863	68 419.884	8.645.081	11.100.500	127.050	88.292.515
1864	71.327.813	8.935.060	12.400.000	125.000	92.787.873
1865	72.500.255	9.560.260	12.450.500	120.500	94.631.515

CHARBONS EXPORTÉS ET CONSOMMÉS EN ANGLETERRE

Années	EXPORTATION	CONSOMMATION LOCALE	POPULATION
1854	4.309.255	60.352.146	....
1855	4.976.902	59.477.177	21.792.852
1856	5.879.779	60.765.071	22.080.449
1857	6.737.718	58.656.989	22.369.463
1858	6.529.483	58.479.166	22.616.839
1859	7.006.949	64.971.816	22.810.069
1860	7.412.575	72.630.123	22.946.988
1861	7.934.832	75.700.382	23.181.790
1862	8.330.673	73.307.665	23.416.261
1863	8.275.212	80.017.303	23.655.482
1864	8.400.420	83.987.453	23.891.009
1865	9.470.477	85.461.038	24.128.003

On voit qu'à partir de 1860, la production s'accroît chaque année d'une manière notable. Le traité avec la France, en favorisant l'exportation et en donnant une impulsion nouvelle à toutes les industries, fut la cause de ce mouvement. « Si cette progression continuait sur le même pied, on verrait, dit M. Stanley Jevons, un des hommes les plus compétents sur ce sujet, « la consommation générale atteindre, en 1900, le chiffre énorme de 300 millions de tonnes et de 2 milliards en 1950. Au lieu de trois cent mille mineurs nécessaires aux travaux actuels d'extraction, il en faudrait alors huit millions, et l'Angleterre réduirait, dans cette période, de deux milliards de tonnes ses richesses carbonifères, en admettant qu'elles durassent jusque-là.

Que de semblables supputations soient un jeu, nous l'admettons sans hésiter; toutefois, elles font ressortir l'impérieuse nécessité, pour l'Angleterre, de sonder sans retard sa plaie, et, pour une partie de l'Europe, l'intérêt considérable qui s'attache à ce que l'enquête ordonnée ait un résultat favorable.

Mais, en supposant les alarmes des pessimistes confirmées par l'enquête, et la science impuissante à découvrir à temps un substitut au charbon, n'existe-t-il pas des moyens efficaces de reculer le jour d'une catastrophe, sinon de la conjurer complètement?

La raison, d'accord avec l'expérience, répond sans hésiter affirmativement. Si l'enquête met hors de doute un appauvrissement des dépôts qu'on s'était flatté de trouver inépuisables, l'exploration révèlera en revanche des gisements ignorés. Dans les convulsions et transformations qui ont bouleversé notre planète, d'immenses agglomérations de végétaux sont restées enfouies à des profondeurs où la main de l'homme, attirée vers des entreprises plus faciles, n'a pas encore été contrainte de les aller chercher. Le jour où ces entreprises faciles se restreindraient faute d'aliments, les champs négligés reprendront faveur. On surmontera, quand on le voudra, les obstacles de creusage, et l'augmentation de température, regardée longtemps comme une grande difficulté, sera combattue victorieusement par de nouveaux procédés d'exploitation, comme cela s'est pratiqué déjà en Belgique.

L'exploration aura un autre avantage, celui de faire connaître exactement la valeur de certaines mines qui ont été, à diverses époques, abandonnées, soit parce que l'extraction du charbon en était trop laborieuse, soit à cause de l'impureté du combustible, ou d'accidents survenus dans le cours des travaux d'exploitation. Ces mines auront de nouveau leur jour : le charbon mélangé se purge aujourd'hui avec facilité des corps étrangers, et, par l'addition d'une petite quantité de goudron minéral ou végétal, sert à fabriquer des briques qui valent le meilleur combustible. Quant aux éboulements, explosions ou inondations qui ont pu interrompre certaines exploitations, il n'en est guère auxquels ne remédie aujourd'hui l'art de l'ingénieur.

Que le stimulant du besoin s'en mêle et on sera, nous en sommes convaincu, surpris du nombre et de la richesse des trésors qui reverront ainsi le jour.

A ces ressources, l'enquête en ajoutera d'autres, moins flatteuses, sans doute, mais dignes cependant d'attention : Il existe, à de petites profondeurs, dans plusieurs parties de l'Angleterre, notamment dans le Devonshire, des gisements considérables de *lignite*, dont la formation est semblable à celle du charbon, mais auquel il manque, pour valoir ce dernier, d'avoir passé par un travail suffisamment long de décomposition. Le lignite ne convient qu'à un nombre limité d'usages, parce qu'il est moins riche en carbone et plus chargé d'eau que le charbon; mais, outre qu'on puet s'en servir dans bien des cas où on brûle aujourd'hui ce dernier, il n'est pas impossible que la chimie réussisse quelque jour à lui donner les qualités qui lui manquent pour suffire à tous les besoins de l'industrie.

Cet aperçu est de nature à dissiper bien des inquiétudes, mais il est une autre ressource qui n'appartient d'aucune manière au domaine des espérances ou des hypothèses, et dont l'importance est peut-être plus sérieuse encore. Nous voulons parler des immenses économies réalisables dans le régime des exploitations et dans l'emploi du charbon.

Les richesses existantes sont-elles ménagées avec prudence? Toutes les voix disent : Non. Aucune branche de la fortune publique n'a été et n'est gaspillée plus maladroitement. Dans l'extraction, comme dans la consommation, c'est à qui montrera le plus d'imprévoyance. Qu'on en juge!

Une des plus belles veines de l'Angleterre, celle du South-Staffordshire, qui avait neuf mètres d'épaisseur et une étendue énorme, est aujourd'hui presque épuisée faute des plus simples notions d'économie. L'ingénieur Nicholas Wood estime que, dans les seules mines de Helton et de Black-Boy, situées sur cette veine, le déchet annuel provenant du poussier et de débris jetés au vent, brûlés sans profit ou abandonnés, dépasse 160 mille tonnes, le chargement de plus de trois cents grands navires. Le département géologique, dont les statistiques embrassent tous les gisements du Royaume-Uni, évalue la perte totale à 20 p. 0/0 de la quantité extraite, c'est-à-dire, en se reportant au tableau de la page 276, à 19 millions de tonnes pour 1865, ou plus de deux fois l'exportation totale. De pareils chiffres sont trop pénibles à méditer pour qu'ils n'amènent pas de prochaines réformes. Ce déchet inouï sera, quand on le voudra, réduit des trois-quarts, au grand profit du présent et de l'avenir.

Si grand que soit le gaspillage de l'exploitation, il n'est pas cependant à comparer à celui de la consommation. Nous avons tous entendu répéter que la plupart des foyers, qu'ils appartiennent aux usines, aux navires à vapeur ou aux maisons d'habitation, utilisaient une faible partie du calorique développé par le combustible. La perte atteint, selon les supputations les plus modérées, jusqu'à 50 et 60 p. 0/0. Déjà plusieurs établissements industriels ont, par des dispositions intelligentes dans les grilles et les cheminées, réduit d'une manière notable leur consommation; mais il ne faudra pas moins, nous le craignons, qu'une grande augmentation du prix des charbons pour généraliser cet important progrès.

De leur côté nos maisons pourraient, à l'aide de tuyaux de vapeur, être sainement et uniformément chauffées dans toutes leurs parties, moyennant une dépense fort minime tandis qu'elles le sont très-imparfaitement, à un prix fort élevé. Quelles économies ne réaliserait-on pas, si, sans attendre au dernier moment, on abordait résolument ces divers problèmes? Au lieu de cent millions de tonnes par an, cinquante millions, quarante peut-être, suffiraient, et toute cause d'alarme disparaîtrait sans retour.

La santé publique ne gagnerait pas moins que l'industrie à ces progrès. Avec des procédés meilleurs d'exploitation, les populations minières auraient moins de fatigue et plus de bien-être; avec une consommation mieux entendue, les villes et les campagnes seraient affranchies de ces flots de fumée jaune qui obscurcissent l'air, souillent les édifices et gâtent la végétation.

Quand tant de causes se réunissent pour recommander une réforme, on peut à bon droit s'étonner qu'elle mette si longtemps à faire son chemin, et se demander même si l'autorité n'a pas le devoir d'agir énergiquement. Les dangers que nous avons signalés menacent sans doute l'Angleterre plus directement que le reste de l'Europe, parce que la condition *sine quâ non* de sa prospérité gît dans la possession presque exclusive d'un combustible abondant et à bon marché ; mais les mêmes dangers sont imminents pour d'autres nations dans un avenir plus ou moins éloigné. Si l'appauvrissement marche chez ces nations moins rapidement que dans le Royaume-Uni, parce que l'industrie y est moins répandue et que le bois s'y trouve encore en assez grande quantité, il n'en a pas moins lieu, et le résultat, pour être plus éloigné, n'en sera pas moins le même, si l'on n'y porte remède.

C'est en faisant son profit de l'expérience que l'Angleterre a si chèrement payée, que l'Europe échappera au danger de manquer du premier aliment nécessaire à son industrie.

Nous avons exposé aussi brièvement que possible l'état actuel de la question des charbons anglais, empruntant nos renseignements aux sources officielles et, quand celles-ci faisaient défaut, aux autorités les plus respectées en pareille matière. Sans accueillir les exagérations de la panique, ni les espérances flatteuses des optimistes, nous nous croyons fondé à dire que les mines de charbon du Royaume-Uni sont fatiguées par une exploitation peu intelligente, plutôt que sérieusement appauvries, et qu'il suffira de les traiter désormais avec prudence et économie pour conjurer un épuisement.

Avec un meilleur système de foyers, et en utilisant soigneusement les nombreux débris qui se gaspillent aujourd'hui, la quantité de combustible extraite annuellement se réduirait de moitié. En profitant de l'abondance et du bon marché de l'huile de pétrole; en employant les lignites au lieu de charbon, partout où la chose est praticable; en s'appliquant à rendre à l'exploitation les mines abandonnées ou négligées, et en explorant avec soin le sol pour en découvrir de nouvelles, les chiffres des alarmistes feront place aux plus légitimes espérances et toutes craintes s'effaceront.

Les dangers de l'avenir ne sauraient naître que de l'imprévoyance prolongée du présent.

Si la science venait à trouver au charbon de terre un substitut inépuisable, qui fût à la portée de tous, l'Angleterre aurait un mince avantage à posséder les mines de combustible les plus riches de l'Europe, et son industrie, cessant d'être protégée par un pouvoir exclusif, perdrait en grande partie de sa supériorité. Mais si ce substitut restait introuvable et si, contrairement à nos conclusions, le charbon devenait assez rare en Europe pour qu'il fallût le demander aux Etats-Unis, dont les gisements sont, on le sait, les plus riches du monde, quelles perspectives de grandeur ne s'ouvriraient pas pour ces contrées déjà si florissantes, et que la nature semble destiner à devenir le vrai centre commercial du monde?

Ces temps sont loin encore, il faut l'espérer; mais que la vielle Europe ne l'oublie pas! Elle n'a pas trop de son génie et de toutes ses ressources matérielles prudemment ménagées pour conserver sa prééminence en face de la jeune Amérique.

C. P. (1867).

FIN DU PREMIER VOLUME.

TABLE DES MATIÈRES

PREMIÈRE PARTIE

ESSAI DE MORALE

DEUXIÈME PARTIE

TROISIÈME PARTIE

QUATRIÈME PARTIE

CINQUIÈME PARTIE

Brest. — Imp. F. Halégouet, rue Kléber, 11.

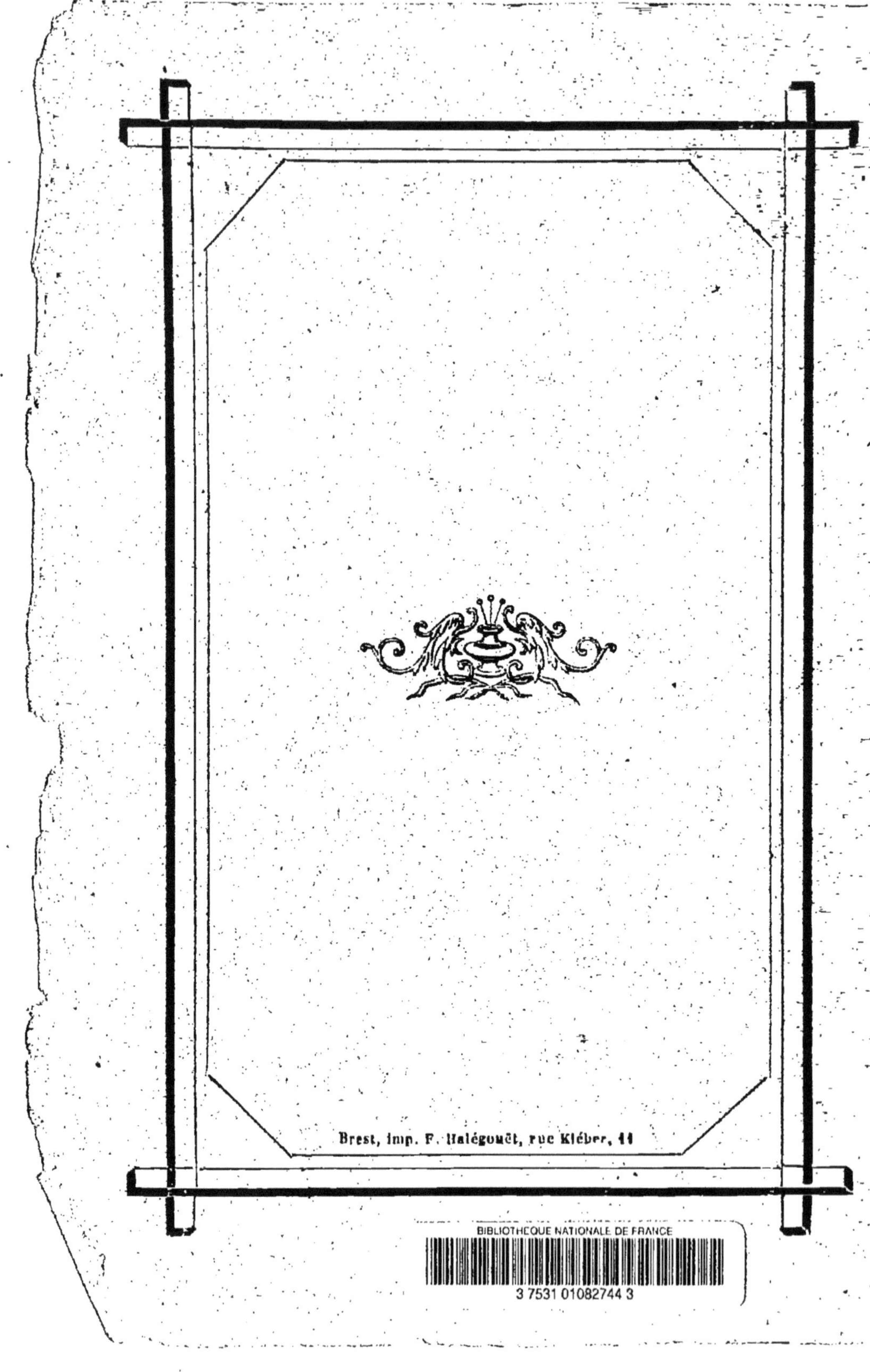
Brest, imp. F. Halégouët, rue Kléber, 44

www.ingramcontent.com/pod-product-compliance
Ingram Content Group UK Ltd.
Pitfield, Milton Keynes, MK11 3LW, UK
UKHW022050260726
13993UKWH00001B/25

9 782019 957445